古典文獻研究輯刊

六 編

潘美月・杜潔祥 主編

第 18 冊

王船山《張子正蒙注》研究

劉榮賢 著

國家圖書館出版品預行編目資料

王船山《張子正蒙注》研究／劉榮賢 著—初版—台北縣永
和市：花木蘭文化出版社，2008〔民97〕

目 2+144 面；19×26 公分
（古典文獻研究輯刊 六編；第 18 冊）

ISBN：978-986-6657-16-0（精裝）
1.（清）王夫之 2.學術思想 3.研究考訂

125.147 97000973

ISBN 978-986-6657-16-0

古典文獻研究輯刊
六 編 第十八冊
ISBN：978-986-6657-16-0

王船山《張子正蒙注》研究

作　　者 劉榮賢
主　　編 潘美月　杜潔祥
企劃出版 北京大學文化資源研究中心
出　　版 花木蘭文化出版社
發 行 所 花木蘭文化出版社
發 行 人 高小娟
聯絡地址 台北縣永和市中正路五九五號七樓之三
　　　　 電話：02-2923-1455／傳眞：02-2923-1452
電子信箱 sut81518@ms59.hinet.net
初　　版 2008 年 3 月
定　　價 六編 30 冊（精裝）新台幣 46,500 元

王船山《張子正蒙注》研究

劉榮賢　著

作者簡介

劉榮賢，台灣嘉義人，現居台中市，1955 年 3 月生。嘉義中學畢業。分別於 1979 年、1983 年、1994 年取得東海大學學士、碩士、及博士學位。1994 年至 2000 年任靜宜大學中文系副教授，2000 年 8 月轉至東海大學中文系任教，2004 年 2 月升任教授。主要研究範圍在宋明理學、莊子及佛學。著有《王船山張子正蒙注研究》、《宋代湖湘學派理學研究》、《莊子外雜篇研究》及學術論文十餘篇。

提　　要

　　本文的目的在於探討船山思想的最後取向，以及此一最後取向在宋明理學發展接近結束之時在中國思想史上的意義。本文第二章在於經由考證確定《正蒙注》為船山晚年最後一部有關理學思想的著作，透過《周易內傳》與《正蒙注》二書在某些問題上的論述方式的比較，確定《正蒙注》的寫作應在《周易內傳》之後。如此則確定《正蒙注》為船山最後的哲學著作無疑。第三章則開始從事《正蒙注》一書實質內容的研究。如「太虛」、「氣之聚散」、「氣之陰陽」、「誠、神」、「性、命」及「心」等問題都一一加以分析。本章在全書中所佔篇幅最多。第三章則進一步探討船山之注與橫渠《正蒙》本文之間在思想上的異同，這一部分的研究成果對於船山在理學史上的定位有一定程度的意義。第四章則藉由船山從尊朱子到改宗橫渠的思想演變，以探討船山在濂溪、橫渠與朱子等人之間的思想上的分合關係。本文的結論在於：船山晚年雖然歸宗橫渠 然其思想最後落在「人心感應之幾」上的觀念卻和陽明的「良知的自然明覺」相接合。船山思想的最後歸宿還是納入了南宋以下以至於明代的「心學」發展的脈絡之中。

　　關鍵詞：宋明理學、晚明思想、王船山、朱子、張載、《正蒙注》

目次

第一章　緒　論

　　中國人的學問是以心性之學爲基礎的。大至於宇宙天體之運化，小至於纖介毫末之細微物理，皆可統納於吾人之心性之中。中國人此種以「明德之知」統御「知識之知」的心性觀自然必須建立在實際道德行爲的實踐之上。先秦學術已逐漸表現出此一思想形態。因此「行爲實踐」的價值遠比「理論分析」更受重視。從實際行爲的實踐上，才能眞正開拓「知」的領域，才能眞正有益於心性之開顯。因此孔門教人，罕言性與天道，而皆從孝悌忠信的實踐著手，工夫純熟，自然知性見道；若不從行爲做起，騰諸口說，苦思力索，則徒然勞神弊精，反成無益之戲論。在先秦原始儒家這種思想形態之下，討論「性氣是否爲一」，「道氣是否不二」等問題，事實上是毫無必要的。先秦時代可以說根本沒有所謂「理氣分合」的問題。

　　然而當儒學經過數百年的衰微，兩宋的理學家企圖再興傳統儒家思想之時，時代環境已大不相同。佛老學說的盛行，使得思想界早已不是統一的局面，只重行爲實踐，完全不講理論的方式已不能適應時代之要求。受到了佛教無邊法界思想的刺激，儒家學者也不得不更注意到宇宙問題的探討，而使得原本存而不論的宇宙天道問題提升了在學術上被討論的地位，甚至有超越心性問題的趨勢。在宋代的理學家之中，濂溪、伊川以及朱子，正是此一學術發展主流中的主要人物。

　　學術傾向於形上天道的思維，體用觀念自然受到重視，於是「理氣分合」成爲思想的主題。船山一生學問的演變，就是以理氣分合的問題爲主幹的，而其最後之所以歸宗橫渠，也是扣緊這個問題發展的結果。可見宋儒因受時代環境的影響，學術方向已經轉移而脫離了先秦的舊路。濂溪之思想基本上仍是依先秦《易傳》與《中庸》二書而來，《易傳》早已受到道家思想的影響，而濂溪論「太極」與「陰陽」的關係時，又受到道家及道教的影響而加入太極陰陽的「生成義」，「生成」觀念的加入引發了後來伊川、朱子分理氣二分的思維方向。朱子又爲集大成之宗師，在學術

上影響力極大，因此理氣分言的觀念乃成爲宋代理學的一大主流。理氣分言的思想必然結合宇宙天道的討論，而天道問題的討論必然牽涉到「知識」安排的問題。於是朱子提出貫通外在「知識之知」與內在「明德之知」的觀念，企圖合「知識」與「心性」爲一。朱子此一觀念和先秦「以心性統御知識」的觀念不只是工夫用力「由內而外」或「由外而內」的差異而已。朱子主張萬物可通於一理，而先秦則不討論此一問題，只認爲人盡己之性則能盡物之性而參贊天地之化育，故只言「統御」，而不言「爲一」，這些思想上的差異自然都是因爲時代學術環境的不同所造成，同時也成爲船山思想的背景。

船山在六十七歲作《周易內傳》之前，其思想始終不離朱子的途轍，雖與朱子有一些差異，然船山早、中期著作及其思想皆針對朱子考索。而船山正是因爲對朱子學說深入考察，因此發現其理氣二分的思想結構中所潛存的問題，並且以之做爲其思想調整的依據，而造成了船山晚年改宗橫渠的結果。船山不願意如朱子以理氣分說的方式多言「理」，因爲恐怕落入二氏「空」、「無」之窠臼；於是背棄朱子，轉而尊奉橫渠，企圖以另一種理路來解決問題。故船山之尊橫渠而注《正蒙》，於其晚年思想實有重大的意義。船山作《周易內傳》，代表其晚年思想的重大改變，而注《正蒙》、尊橫渠則代表此一思想改變的最後取向之意義。故船山何以獨契橫渠？以及其注《正蒙》時所表現出來的思想歸向，其內容果爲如何？此實爲一值得探究之問題。而船山之注《正蒙》，其思想是否即與橫渠相同？如果同，則船山納濂溪於橫渠，而朱子納橫渠於濂溪所形成的理學兩大系統，其間的關係爲何？如果異，則船山何以注《正蒙》而又與橫渠不同，其對於橫渠思想的棄取又有何意義？這些問題其實都與前述船山晚年思想的最後導向互爲表裏。而這就是本文所欲解決的問題。

船山晚年思想取向的認定問題之所以重要，是因爲船山的時代已經到了接近宋明理學結束的時期，以後學術方向轉移，心性之學已不如之前興盛，縱有論之者，多半也只是朱陸異同的討論而已，理學思想史上再無重大波瀾產生。中國心性之學歷經二千餘年的發展，船山可謂是末期之時的一大家，其思想的結論，或許可以做爲中國心性之學發展方向的指標。

如果想要從《正蒙注》的研究中探討船山思想的最後歸向，有一問題必須先解決，那就是《正蒙注》著作時代的問題。必須先確定《正蒙注》是船山最後一部有關理學思想的著作。《正蒙注》雖未標示確定的成書年代，然其爲船山晚年之作應無可疑，故吾人可以從該書與《內傳》思想的比較中，試圖推斷《正蒙注》較《內傳》爲晚出。如果此一結論成立，船山晚年思想的方向才能以《正蒙注》做爲依據。本文即從《正蒙注》著作時代考察的問題論起。

第二章　《正蒙注》成書時代之考察

第一節　張、劉二先生《正蒙注》成書年代意見的檢查

　　研究船山思想的演變須以《外傳》、《大全說》及《內傳》三書爲標定
點——《內傳》在研究船山晚年思想上的重要性——張西堂先生對《正蒙
注》成書時代的意見——劉茂華先生於〈王夫之先生學術思想繫年〉一文
中對《正蒙注》成書時代的考證——劉氏的誤解

　　研究船山思想有兩個基本上的困難：一是其著作篇幅浩翰〔註1〕，疏理不易。
且其文字繚繞奇奧，號稱難讀。二是其思想前後變動頗大，某些觀念前後甚至判若
兩人，船山思想可說是隨著年齡的增長而不斷變動。因此研究船山思想，不能將其
著作平列而觀，必須注意在時間上「前後演變」的現象。否則必然出現前後矛盾，
相互牴牾的情形。

　　在船山直接表現理學思想的著作中，《周易外傳》、《讀四書大全說》和《周易內
傳》是三部有年代可考的著作。這三部重要著作又正好分佈在船山生命中的早期、
中期和晚期〔註2〕。這對於船山思想的整理有極大的用處。研究船山思想時可先以
這三部著作爲定點，先疏通其思想的脈絡，再依此脈絡配合其它線索，來標定其餘
未有明確年代可考的著作。作品時代大致確定之後，才能進一步尋繹船山思想前後

〔註1〕 依中國船山學會與自由出版社聯合印行的《船山遺書全集》（1972 年）所蒐集的船
　　　　山著作計七十種，三百五十八卷。1996 年中國湖南嶽麓書社出版的《船山全書》，
　　　　又增加了一些資料。
〔註2〕 《周易外傳》作於三十七歲，《讀四書大全說》作於四十七歲，而《周易內傳》則是
　　　　船山六十七歲時的著作。

演進的軌跡。

《周易內傳》是船山晚年的重要著作，其晚年思想上的重大改變幾乎都表現在此書之中。其書作於六十七歲，有確定年代可考。《正蒙注》與《周易內傳》思想大致吻合，然未標明確定的著作年代；然而二書思想相通，故應可斷定《正蒙注》也是船山晚年之作。這似乎無可疑之處，而一般研究船山思想的學者對此亦無異議。但是既然是不同的著作，以船山思想不斷變動的情形看來，其思想內容也不可能完全相同。《正蒙注》對理學思想的闡揚，在船山整個學術生命上應佔有一重要的地位，其價值絕對不容忽視。而究竟船山一生的思想應以《周易內傳》為結論，或以《正蒙注》中所表現的思想做為結論，此於船山一生的學術價值實有重大之關係。蓋一思想家其學術之價值，不但取決於其思想的內容，也決定於其思想的最後取向。加上船山身處理學發展的末期，其時代更在蕺山之後，因此船山思想的最後取向，不僅表現出其一生學術的趨向，同時也可以代表整個宋明理學發展至此的結論傾向。因此必須對《正蒙注》的著作年代加以考索。

歷來研究船山思想者，對《正蒙注》著作年代的考索並不多。張西堂先生於其所著《船山學譜》一書第三章「著述考」中「張子正蒙注」條下有如下之案語：

> 是書序言「張子言無非易」、「非張子其孰與歸」。足見先生之推崇張子及所以著為此書之意。今考是書於程朱頗致譏評，蓋著述時間較《讀四書大全說》、《禮記章句》為晚。是二書猶有稱頌程朱者，而《正蒙注》則絕無一言，此可以推見者一也。先生物質不滅之說，始暢言於是書，與《周易內傳》更為接近。《內傳》著成時間亦晚，此可以推見者二也。是書言盡心知性與《四書箋解》較合，《箋解》較晚於《讀四書大全說》，此可以推見者三也。綜此三點，皆足見是書著述時間較晚。

張先生所言大致不差，然也只能證明《正蒙注》為船山晚出之書而已。其言《正蒙注》論「盡心知性」與《四書箋解》合，而《箋解》晚於《大全說》。按《大全說》作於船山四十七歲之時，距《周易內傳》整整二十年。《正蒙注》與《四書箋解》縱知其皆出《大全說》之後，也難以判斷其與《內傳》孰先孰後。張西堂先生所言對於考證《正蒙注》和《周易內傳》二書的先後問題，並無多大的用處。

此外，劉茂華先生於〈王夫之先生學術思想繫年〉一文之中〔註3〕，曾論及《正蒙注》的著作年代。其六十九歲條下云：

> 按：《思問錄內外篇》與《張子正蒙注》互相發明。行述云：「《正蒙》

〔註3〕該文見《新亞學報》第五卷第一期。

一書，人莫能讀。因詳識其義，與《思問錄內外篇》互相發明。

　　潘傳亦云：「與前《思問錄內外篇》互相發明」。張譜疑《思問錄》之作，當在《正蒙注》之前。先生長兄介之以是年前卒，終介之之世，昆季重要著述，恒有互相依託。而先生晚年捨程朱而宗張子，乃思想一大轉變，當爲介之所未及見。故《正蒙注》之作，理在介之去世之後，亦即在著《讀四書大全說》與《禮記章句》二書之後。蓋二書尚尊程朱，而《正蒙注》則絕無一言。而是書序云：「張子言無非易」、「非張子其孰與歸？」者，爲舍朱宗張明顯之證。又先生物質不滅之說亦始暢言於是書，與《周易內傳》更爲接近。《內傳》成書於六十七歲，則《正蒙注》之始稿可能亦與《內傳》同時，其非短期蔵事亦顯。至《正蒙注》之言盡心知性，與《四書箋解》較合，箋解又晚於《讀四書大全說》，故張譜亦以《正蒙注》之成爲更晚耳。

劉先生此段案語大致上皆引述張西堂先生的意見，已見上文。其言船山之著述皆與其兄介之相互依託，而船山著《正蒙注》時，介之已下世，未爲其所見，故是書之作應較後，晚於《讀四書大全說》與《禮記章句》二書。考介之之書今未見，其說無由得証，不知劉先生之根據爲何？其又曰：

　　同治四年曾氏所刻《船山遺書·張子正蒙注》九卷本。先生自敘有：「甲寅以還，不期身遇之，（甲寅先生五十六歲，避吳三桂事遁湘鄉，泛宅數載）。……誰知予情，予且不能自言，況望知者哉！此十年中，別有《柳岸吟》」。是序自署庚申上巳湘西草堂記云云。庚申爲先生六十二歲。上指「此十年中」者，當從甲寅乙卯以後推算至丙寅兄介之卒，爲時恰如十載有奇。其別有《柳岸吟》者，當是《正蒙注》之外別有云云。更足證明《正蒙注》之作，在上指「十年之中」，而成書於庚申（六十二歲）與丙寅（六十八歲）之間無疑。

劉先生所說的都是根據同治四年曾國藩所刻金陵版《船山遺書·張子正蒙注》前所附的一篇〈自敘〉而來。茲先錄之如下：

　　境識生則患不得，熟則患失之。與其失之也寧不得。此予所知而自懼者也。五十以前不得者多矣；五十以後，未敢謂得。一往每幾於失，中間不無力爲檃括，而檃括之難，予自知之，抑自提之。

　　詩言志，又曰：「詩以道性情」。賦亦詩之一也。人苟有志，死生以之，性亦自定，情不能不因時爾。楚人之謂葉公子高，一曰君胡胄，一曰君胡不胄。云胄云不胄，皆情之至者也，葉公子高處此殆有難言者。甲寅以還，

不期身遇之，或謂予胡胄，或謂予胡不胄，皆愛我者。誰知予情？予且不能自言，況望知者哉！

此十年中，別有《柳岸吟》，欲遇一峰、白沙、定山於流連駘宕中。學詩幾四十年，自應舍游以求適於柳風桐月，則與馬、班、顏、謝了不相應，固其所已。彼體自張子壽感遇開之先，朱文公遂大振金玉。竊謂使彭澤能早知此，當不僅爲彭澤矣。阮步兵琴奲此意，而自然別爲酒人。故和阮和陶，各如其量，止於阮陶之邊際，不能欺也。庚申上巳湘西草堂記。

此篇〈自敘〉與《正蒙注》內容可說風馬牛不相及，然劉先生所下的判斷完全根據此文。此敘自署庚申上巳。按庚申年爲康熙十九年，是時船山六十二歲。故其文中言「此十年中」，當自庚申算起往前十年，即自辛亥年（康熙十年，船山五十三歲）至庚申年。然劉氏云當從甲寅乙卯以後推算至丙寅兄介之卒，爲時恰如十載有奇。不知其何以如此推算？該敘既自署庚申年所作，則船山六十二歲時所作之序中所言「此十年中」，豈是指其五十六歲（甲寅）至六十八歲（丙寅）中之十二年？船山豈能預知後六年之事，而以之總括於此「十年之中」？其又指序中所言「其別有《柳岸吟》」者，乃指《正蒙注》之外別有云云，而以之證明《正蒙注》成書當於六十二歲（庚申）與六十八歲（丙寅）之間，又不知其何以有此結論？且其前既云船山著《正蒙注》在丙寅六十八歲兄介之下世之後，而此又云《正蒙注》成書於六十二歲至六十八歲之間，豈非前後矛盾！

前已言此敘與《正蒙注》內容毫無關係，《正蒙注》已有〈序論〉一篇，闡發其何以尊張子，宗《正蒙》之故，與《正蒙注》內容符合，何以又有此一篇自敘？且文中無一語及於張子所言的「太虛」或「氣」，反提及「此十年中，別有《柳岸吟》」及「學詩幾四十年」，並及和阮藉、陶潛詩之事，豈非大可怪之事？按此文又見於船山《六十自定稿》，蓋一文而兩見。按其內容，此文應是船山《六十自定稿》之序而誤入於此者。故其曰「自敘」，而不曰「序論」。《六十自定稿》是船山蒐集五十一歲（己酉）至六十一歲（己未）約十年中所作各體詩的詩集。其文中所謂「此十年中」即指己酉至己未之間的十年而言。又所謂「別有《柳岸吟》，欲遇一峯、白沙、定山於流連駘宕中」則是指船山另一詩集。按《柳岸吟》者乃船山和一峯、白沙、定山等人的詩作，一檢其目錄即可知。而《六十自定稿》中又有「擬阮步兵詠懷詩」，皆與此敘文合。且此序自署六十二歲庚申所作，也符合六十自定詩集的時間〔註 4〕。

〔註 4〕船山《五十自定稿》爲其五十歲以前詩作之集，《七十自定稿》之序作於七十歲（戊辰）時，爲其六十二歲（庚申）至七十歲（戊辰）九年間之詩集。考《六十自定稿》集中之詩作乃是五十一歲（己酉）至六十二歲（己未）十一年間之作品，故其序作

故可證此敘是船山《六十自定稿》之自序，與《正蒙注》無關，蓋純屬誤入。而劉氏據此文以定《正蒙注》的成書年代，可謂張冠李戴，全不相干矣！〔註5〕

以上討論張西堂與劉茂華二先生對《正蒙注》成書年代的論述。張氏的意見雖大致不差，然其結論過於籠統。而劉氏的論述則根本是誤解，也不足爲據。因此想要探究《內傳》與《正蒙注》成書的先後，終須從思想內容加以比較，唯有就二書的思想內容詳加尋繹，才能得到結論。其實只須確定《正蒙注》晚於《周易內傳》即可，不一定須要確定《正蒙注》作於何年，這是因爲船山晚年除《內傳》與《正蒙注》，已無其它理學思想方面的著作。故只要能確定《正蒙注》晚於《周易內傳》，即可決定孰爲船山最後思想取向的著作。

第二節　從《內傳》與《正蒙注》的論述形式考查

從《內傳》與《正蒙注》對同一觀念的論述詳略考證《正蒙注》較《內傳》晚出——從「乾坤並建」觀念考索——從「太極」觀念考索——從「神」的觀念考索

《內傳》與《正蒙注》在基本觀念上幾乎都是相同的，故觀念往往互見於兩書，然其論述有詳略之別。戴景賢先生即依此而定其成書之先後：

> 船山之《正蒙注》與《周易內傳》，其思想大體應屬同一時期，此但比合二書而可知。而依余之見，船山之注《正蒙》似猶在其著《內傳》之後。此因兩書中之要旨，如「乾坤並建爲太極」、「陰陽有定體無定化」、「陰陽乃先動靜而在，非因動靜而有」、「陰陽乃因錯綜參伍故可摩盪而起變化」之類，皆詳於《內傳》；而《正蒙注》但約括其旨於數語。故先明於《內傳》之說，而返觀之《正蒙注》，則莫不曉然；若逕讀《正蒙注》，而於《內傳》之旨未熟，則於其說之曲折未易明也。故應是船山先已暢發之於《內傳》，而後注《正蒙》，故凡彼已詳者，此可擷其精而約言之也。〔註6〕

戴先生所言甚是。因《周易內傳》與《正蒙注》都是船山晚年之作，時間相差不遠，故同一觀念既詳於彼則可略於此。此一現象可以做爲斷定二書著成年代先後的一個重要依據。

於六十二歲（庚申），十分合理。

〔註5〕 嶽麓書社所出版的《船山全書》第12冊《張子正蒙注》已將此一〈自敘〉刪除。

〔註6〕 見戴景賢先生《王船山之道器論》第四章〈船山論學由尊朱子而改宗橫渠之轉變（三）〉，頁195。國立臺灣大學中文研究所博士論文，民國71年6月。

「乾坤並建」爲《周易內傳》的首要觀念，這是船山晚年以陰陽爲截然二氣之後，縮合周子〈太極圖說〉而表現於《易經》乾坤思想的一大觀念，此說大闡於《內傳》，且屢次提及。船山注《易‧繫辭上傳》首章，以極長的篇幅闡述此一觀念：

> 此明周易並建乾坤以統六子，而爲五十六卦之父母，在天之化，在人之理，皆所由生。道無以易，而君子之盛德大業要不外乎此也。

> 乾者，陽氣之舒，天之所以運行；坤者，陰氣之凝，地之所以翕受。天地一誠無妄之至德，生化之主宰也。乃乾行不息於無聲無臭之中，坤受無疆而資不測之生，其用至費，而用之也隱，人不可得而見焉。則於天尊地卑而得其定性之必然矣。

> 惟其健，故渾淪無際，函地於中而統之，雖至清至虛，而有形有質者皆其所役使，是以尊而無尚；惟其順，故雖堅凝有實體之可憑，而靜聽無形之摶挍，不自擅而惟其所變化，是以卑而不違。則於尊卑之職分，而健順之德著矣。此言奇耦之畫：函三於一，純乎奇而爲六陽之卦，以成乎至健；於三得二，純乎耦，而爲六陰之卦，以成乎大順。奇耦至純而至足於兩間，故乾坤並建而統易。其象然，其數然，其德然，卦畫之所設乃固然之大用也。

> 變尊言高者，尊卑以司化之用言，卑高以定體之位言也。天高地下，人生其中，三極昭然，因而重之以爲六位，天之所顯示，地之所明陳，人之所仰事而俯承者著矣。高者貴，卑者賤，故六位設而君臣之分，隱見之殊，功效之各營，雖無典要而有定位，此言易設位以載九六之畫，爲自然之定體也。

> 位有陰陽，而有體必有用。三四者進退之機，二五者主輔之別，初上者消長之時，皆有常也。而爻有剛柔，剛與陽協，柔與陰稱，或相得而宜，或相劑而和，則剛柔之得失於此斷矣。此言爻麗於位，而剛柔之致用，當與不當之分也。

> 方者位也，貞悔各有三位，而初四、二五、三上以類相應，其近而相比者，以類相孚，交相聚也。物者爻也，爻之剛柔，各自爲羣，而性情分焉。同羣者孚，異羣者應；如其道則吉，非其道則凶。若以陰陽之本體，俱爲天地之大用，何吉何凶？而一聚一分，則得失差異，是以吉凶生焉。此言爻位有比有應，有承有乘，因時而生吉凶也。

> 凡此者乾坤二卦統六陽六陰於六位之中，健順之理備，貴賤之位陳，剛柔之節定，孚應之情通。兩儀並建，全易之理，吉凶得失之故已全具其

體用，則由此而變化焉，又豈聖人之故爲損益，推盪以立象哉！惟乾統天，而天有以行其命令於地者，則雷風日月成乎象；惟坤行地，而地有以效功能於天者，則水火山澤成乎形。天不終於無形，地固成乎有象。乾之所始而流形，坤之所生而化光者，變化自著於兩間。六陽六陰往來於向背十二位之中，而發見於六位，交相錯以利時乘之用。陽之變，陰之化，皆自然必有之功效，故六子興焉，以爲六十二卦之權輿，而易道備矣！〔註7〕

此文頗長，然之所以具引之，目的在於顯示船山在《內傳》中不惜以長文反復解釋乾坤陰陽的各種體性，以闡發「乾坤並建」的觀念，並且一再強調其首出的思想意義。然而在《正蒙注》中論及「乾坤並建」之時，則文字顯然簡約了許多：

　　三才之道，氣也、質也、性也，其本則健順也。純乎陽而至健立，純乎陰而至順立。周易並建乾坤於首，無有先後，天地一成之象也。無有地而無天，有天而無地之時；則無有乾而無坤，有坤而無乾之道；無有陰無陽，有陽無陰之氣；無有剛無柔，有柔無剛之質；無有仁無義，有義無仁之性；無陽多陰少，陰多陽少，實有而虛無，明有而幽無之理。則屯蒙明而鼎革幽，鼎革明而屯蒙幽，六十四卦六陰六陽具足，屈伸幽明，各以其時而已。〔註8〕

又曰：

　　乾坤並建。陰陽六位各至足以隨時而相爲隱顯以成錯綜，則合六十四卦之德於乾坤，而達乾坤之化於六十有二。道足而神行，其伸不宕，其屈不悔。故於天下之故，遺形器之滯累，而運以無方無體之大用，化之所以不可知也。〔註9〕

比較《內傳》與《正蒙注》論及此一觀念的文字即可得其中端倪，《內傳》中反復說明陰陽體性之殊異，而《正蒙注》則一語帶過，不再特意解釋陰陽殊性，似乎可以看出此一觀念前已闡明，不須重複解釋。若《正蒙注》成書在《內傳》之前，則豈有《正蒙注》中直接引用「乾坤並建」之觀念〔註10〕，而至《內傳》時始詳加解釋之理？這似乎不合常情。應該是《內傳》在先，船山新得此觀念，於是特加發揮，

〔註7〕見《船山全書》第一冊《周易內傳‧繫辭上傳首章》（湖南：嶽麓書社，1998 年 11 月，頁 506～508）。
〔註8〕《船山全書》第 12 冊《張子正蒙注‧大易篇》，頁 276。
〔註9〕《船山全書》第 12 冊《張子正蒙注‧大易篇》，頁 282。
〔註10〕此處所指的「乾坤並建」觀念指船山晚年於《內傳》及《正蒙注》中所闡發者，與早期《周易外傳》中的「乾坤並建」思想不同。可參看戴景賢先生《王船山之道器論》第三章（一），137 頁。

及至注《正蒙》之時，因之前已多有解釋，於是只約略數語括之而已。故《正蒙注》成書應在《內傳》之後，此其一。

船山於早、中期著《周易外傳》、《尚書引義》及《讀四書大全說》時，因主張陰陽為一氣，「道」對「氣」有主持分劑之功用，故其時船山解釋濂溪的「太極」時仍未離「道」的「主持分劑夫陰陽」的意義。「太極」雖不能離陰陽而獨存，卻不失其「命化」者的地位。然自從船山晚年作《周易內傳》後，將陰陽分為二氣，並以之首出於宇宙萬化之上，大闡其「乾坤並建」之說。「陰陽二氣」本身不同的體性即是最高的「至理」，之上再無一更高的「命化者」。於是船山對於「太極」一義也有了新的解釋：

> 太極之名，始見於此，抑僅見於此，聖人之所難言也。「太」者，極其大而無尚之辭。「極」，至也，語道至此而盡也。其實陰陽之渾合者而已，而不可名之為陰陽。則但贊其極至而無以加，曰太極。太極者，無有不極也，無有一極也，惟無有一極，則無所不極。故周子又從而贊之曰「無極而太極」。陰陽之本體絪縕相得，和同而化，充塞於兩間，此所謂太極也。張子謂之「太和」，中也、和也、誠也，則就人之德以言之，其實一也。在《易》則乾坤並建，六位交函，而六十四卦之爻象該而存焉。著運其間，而方聽乎圓，圓不失方，交相成以任其摩盪，靜以攝動，無不決焉，故曰：「易有太極」言《易》之為書備有此理也。〔註11〕

船山在《正蒙注》中同樣是以「太極」為只是陰陽二氣渾淪的大背景，觀念與上引《內傳》之文同，然其文字則甚簡約：

> 若其在天而未成乎形者，但有其象，絪縕渾合，太極之本體，中函陰陽自然必有之實，則於太極之中，不昧陰陽之象，而陰陽未判固即太極之象。〔註12〕

又曰：

> 自太和一氣而推之，陰陽之化自此而分。陰中有陽，陽中有陰，原本於太極之一，非陰陽判離，各自孳生其類。〔註13〕

《內傳》中詳細解釋「極」字之義，強調「無有一極，無有不極」的觀念，並明言「其實陰陽之渾合者而已」，說明「陰陽之本體絪縕相得，和同而化，充塞於兩間，此所謂太極也」；而《正蒙注》則直言「陰陽未判固即太極之象」、「原本於太

〔註11〕《船山全書》第 1 冊《周易內傳·繫辭上傳》第十一章，頁 561。

〔註12〕《船山全書》第 12 冊《張子正蒙注·參兩篇》，頁 45～46。

〔註13〕《船山全書》第 12 冊《張子正蒙注·參兩篇》，頁 47。

極之一」，不再多加解釋。先讀《內傳》，後讀《正蒙注》，則其義了然。既已闡之於《內傳》，則注《正蒙》時即不必多言。比較二書之論述形態，《正蒙注》成書應在《內傳》之後，此其二。

其次，再就船山論「神」的觀念來看。船山既打落「道」主持分劑夫陰陽的地位，陰陽之上不再有一更高的命化者。宇宙的「至理」止是陰陽二氣各殊的體性而已，天地之間一切生化，都是陰陽二氣錯綜參伍摩盪所成。陰陽有定體而無定化，陰陽之體性雖有定，但並無預存的原則性以決定此宇宙之生化。故船山於《內傳》大言「神化」之義：

> 神者，道之妙萬物者也。易之所可見者，象也；可數者，數也。而立於吉凶之先，無心於分而爲兩之際，人謀之所不至，其動靜無端，莫之爲而爲者，神也。使陰陽有一成之則，升降消長，以漸而爲序，以均而爲適，則人可以私意測之，而無所謂神矣。

> 夫性一也，皆繼道以生之善也，然而聖人有憂，仁知有其偏見，百姓用而不知。惟至健至順之極變化以周於險阻者，無擇無端，而時至幾生於不容已，莫能測也。易惟以此體其無方，爲其無體，周流六虛，無有典要，因時順變，不主故常。則性載神以盡用，神帥性以達權之道至矣。一陰一陽者，原不測也，以此益知「一之一之」云者，非一彼而即一此，如組織之相間而拂乎神之無方，乖乎道之各得，明矣。然則列次序，列方位，方而矩之，圓而規之，整齊排比，舉一隅則三隅盡見，截然四塊八段以爲《易》，豈非可觀之小道，而屬術之小人亦可以其小慧成法，坐而測之乎？〔註14〕

由上文可知《內傳》中對「神」的觀念內容闡釋甚詳，在《正蒙注》中則有不同，言「神」之處雖極多，然皆寥寥數語。且直用其詞，不再多做解釋：

> 太和之中有氣有神，神者非他，二氣清通之理也。〔註15〕

> 當其變必存其通，當其通必存其變。推行之大用合於一心之所存，此之謂神。〔註16〕

> 氣之所生，神皆至焉。氣充塞而無間，神亦無間。明無不徹，用無不利，神之爲德莫有盛焉矣！〔註17〕

〔註14〕　《船山全書》第 1 冊《周易內傳·繫辭上傳》第五章，頁 531。
〔註15〕　《船山全書》第 12 冊《張子正蒙注·太和篇》，頁 16。
〔註16〕　《船山全書》第 12 冊《張子正蒙注·天道篇》，頁 72。
〔註17〕　《船山全書》第 12 冊《張子正蒙注·神化篇》，頁 78。

《正蒙注》中提及「神」者尚多，不勝枚舉，然皆未有如《內傳》闡釋之詳者。雖詳簡有別，然其觀念內容則無不同，可証《內傳》成書應在《正蒙注》之前，此其三。

以上乃就《周易內傳》與《正蒙注》論及相同觀念時，比較文字的詳簡及其論述時的語氣，可以發現：船山於《內傳》中對其晚年某些新觀念的解釋大都是「定義式」的，反復闡說，不厭其煩，故文字較繁複；而在《正蒙注》中則文字十分簡約，且其論述大都是「敘述式」的，只約略敘述該觀念的主要特性而已，不再就該觀念的實質內容做定義式的論述。這種現象對於判斷《周易內傳》和《正蒙注》二書著成年代的先後問題，有極大的啟發性。

第三節　從《內傳》與《正蒙注》對橫渠、朱子態度的改變考查

從《內傳》與《正蒙注》二書中對朱子及橫渠尊重態度的轉變証明《正蒙注》較《內傳》晚出——由船山對橫渠《易》學評論態度的轉變考索二書之先後——由「太虛」觀念未見於《內傳》中証明《正蒙注》必較《內傳》晚出——結語

船山因受時代學術弊端的刺激，故其一生始終都力闢二氏、陸王之學；而對於朱子，雖然思想上有不小的差異，然於晚年寫作《周易內傳》之前基本上仍尊奉不輟，其目的當然是企圖藉朱子的學術以對抗二氏與陸王。船山著《周易外傳》、《讀四書大全說》時固是如此，作《禮記章句》時也是如此。其曰：

補傳之旨與夫子博文約禮之教，千古合符，精者以盡天德之深微，而

淺者亦不盭叛於道。聖人復起，不易朱子之言矣！〔註18〕

在《禮記章句》中船山幾乎都不背離朱子，尤其《大學》一卷中，對於朱子「格物致知」之義可謂推崇備至。然而作《周易內傳》之時其尊奉朱子之語已不復見。船山於《內傳》中提及朱子有十三處〔註19〕，其中引用朱子之語，非關褒貶之意者有五處，其餘則都是對朱子持反對意見者。例如：

以此知人物之生，一原於二氣至足之化，其死也反於絪縕之和以待時

而復，特變不測而不仍其故爾。生非創有而死非消滅，陰陽自然之理也。

〔註18〕《船山全書》第4冊《禮記章句》卷42〈大學〉，頁1484。

〔註19〕其中見於《內傳·發例》者有五處。

朱子譏張子爲大輪迴，而謂死則消散無有，何其與夫子此言異也？〔註20〕

又曰：

> 朱子學宗程氏，獨於《易》焉盡廢王弼以來引伸之理，而專言象占。謂孔子之言天、言人、言性、言德、言研幾、言精義、言崇德廣業者，皆非羲文之本旨，僅以爲卜筮之用，而謂非學者之所宜講習。其激而爲論，乃至擬之於《火珠林》卦影之陋術，則又與漢人之說同，而與孔子繫傳窮理盡性之言顯相牴牾而不恤。由王弼以至程子，矯枉而過正者也，朱子則矯正而不嫌於枉矣！〔註21〕

又曰：

> 《本義》繪邵子諸圖於卷首，不爲之釋而盡去之，何也？曰：周流六虛，不可爲典要；《易》之道，《易》之所以神也，不行而至也，陰陽不測者也。邵子方圓二圖，典要也，非周流也，行而至者也，測陰陽而意其然者也。《易》自下生，而邵子之圖自上變。自下生者，立本以趣時者也；自上變者，趣時而忘本者也。……朱子錄之於《周易》之前，竊所不解。學《易》者學之聖人之言而不給，奚暇至於黃冠日者之說爲？〔註22〕

由以上引文中可看出船山作《內傳》時，已一反之前力尊朱子之舊轍，對於朱子批評橫渠爲「大輪迴」的觀念不以爲然，對朱子《易》學之專言象占也頗有微辭，然在語氣上尚稱和緩。在《正蒙注》中則提及朱子者益少，僅得六處。其中引朱子之語，於褒貶無關者有兩處，調合朱子與橫渠者有一處，其餘也都是對朱子持反對意見者。而其中論及橫渠言「氣之聚散」問題時，船山駁斥朱子的語氣則顯然較《內傳》之時嚴厲：

> 貞生死以盡人道，乃張子之絕學，發前聖之蘊以闢佛老而正人心者也。朱子以其言既聚而散，散而復聚，譏其爲大輪迴。而愚以爲朱子之說正近於釋氏滅盡之言，而與聖人之言異。〔註23〕

船山甚至將朱子之說等同於釋氏異端之言〔註24〕，可見朱、王二人的思維已漸行漸遠。在此之前，船山對於朱子都不曾明白反對，往往曲爲之辭而致撻伐於其後學。然至此則不惜明言以駁斥朱子，可知其思想的改變，已漸捨朱子而傾向橫渠。

〔註20〕 《船山全書》第1冊《周易內傳・繫辭上傳》第四章，頁520。

〔註21〕 《船山全書》第1冊《周易內傳・發例》，頁653。

〔註22〕 《船山全書》第1冊《周易內傳・發例》，頁668～669。

〔註23〕 《船山全書》第12冊《張子正蒙注・太和篇》，頁21。

〔註24〕 請參看戴景賢先生《王船山之道器論》第四章「船山論學由尊朱子而改宗橫渠之轉變」（三），196頁。

　　《內傳》中提及橫渠之處並不算多，僅得七處〔註25〕。其中引橫渠之語，未明致褒貶之意者有五處，其餘則於橫渠已有推崇之意。然船山在《內傳》中褒揚橫渠，語意仍甚輕微，例如：

　　　　張子略言之，象言不忘而神化不遺，其體潔靜精微之妙，以益廣周子通書之蘊，允矣至矣！惜乎其言約而未嘗貫全易於一揆也。〔註26〕

然而作《正蒙注》之時，對橫渠的推崇可謂無以復加：

　　　　嗚呼！張子之學，上承孔孟之志，下救來茲之失。如皎日麗天，無幽不燭。聖人復起，未有能易焉者也。〔註27〕

　　　　張子言無非易。立天、立地、立人，反經研幾，精義存神，以綱維三才，貞生而安死。則往聖之傳，非張子其孰與歸！〔註28〕

　　　　唯張子所見深切著明。盡三才之撰，以體太極之誠。聖人復起，不能易也。〔註29〕

船山對橫渠之稱揚，比之其前之於朱子，可謂有過之而無不及。由此可見從《內傳》到《正蒙注》，船山對於橫渠的推崇與日俱增，而對於朱子則日漸背棄，這種轉移的跡象必然有其學術上的意義。以上所言當然都可以做為《正蒙注》成書在《周易內傳》之後的證據，然而如果再証之以船山晚年自題之墓銘，則結論應該更加明確。其曰：

　　　　抱劉越石之孤憤而命無從致；希張橫渠之正學而力不能企。幸全歸於茲邱，固銜恤以永世。

此墓銘對於考証《正蒙注》與《內傳》成書年代的先後有極關鍵的意義。船山在自題的墓銘中明言對張橫渠正學的企慕，實可代表其思想最後的取向。

　　然或許有人質疑：依船山之墓銘何以必然証明《正蒙注》成書必在《內傳》之後？船山仍可能先注《正蒙》，後作《內傳》，而不害其對橫渠的推崇。然而比較《內傳》與《正蒙注》二書中船山對橫渠態度的輕重，應可確定《正蒙注》較晚出。《正蒙注》若早於《內傳》，以《正蒙注》中船山對橫渠推崇之程度，加上其臨終自題墓銘對橫渠之無限攀慕，不應於作《內傳》時反而對橫渠的態度相對冷淡，此於情理不合。故比較船山在《內傳》和《正蒙注》中對朱子、橫渠二人

〔註25〕　其中見於《內傳・發例》者有三處。
〔註26〕　《船山全書》第 1 冊《周易內傳・發例三》，頁 653。
〔註27〕　《船山全書》第 12 冊《張子正蒙注・序論》，頁 11。
〔註28〕　《船山全書》第 12 冊《張子正蒙注・序論》，頁 12。
〔註29〕　《船山全書》第 12 冊《張子正蒙注・大易篇》，頁 277。

態度之轉變，再配合船山自題之墓銘，即可知《正蒙注》成書應在《周易內傳》之後〔註30〕。

　　前文提及：船山晚年之所以獨契橫渠，是由於其研《易》另有新得之故。船山作《內傳》時開始將陰陽分爲二氣，而不再討論「道」的地位，這是船山晚年道器論改變最特殊之處。陰陽二氣有其自始已成的不同體性，一切生化皆是此二氣任運摩盪所成，無一定之時位。船山既有此觀念，因此極易接受橫渠以氣爲首出的「太虛」觀念。船山晚年思想以陰陽二氣爲討論重點，天地之間，二氣至足；而橫渠則以「太虛絪縕之一氣」爲其最主要的觀念。船山與橫渠雖在「一氣」與「二氣」的大關節處仍然有所不同，然二人皆以「氣」爲首出，持「氣本論」者在理學史上本來就不多見。因此船山之與橫渠相契，實爲極自然之事。

　　然而船山在寫作《周易內傳》之時，尚未接受橫渠「太虛」之觀念。雖主張陰陽爲二氣，大闡「乾坤並建」之說，卻未見其強調「太虛絪縕一氣」的觀念，且《內傳》中未見「太虛」一詞〔註31〕，這是十分值得注意的現象。而船山注《正蒙》之時，已經接受橫渠「太虛絪縕」的觀念，因此大闡其說，「太虛」一詞隨處可見。然在《內傳》中，船山都沒有提及「太虛」一詞，而是以「天地」、「兩間」等代之。在《正蒙注》中船山則大用「太虛」一詞：

　　　　於太虛之中具有而未成乎形，氣自足也。〔註32〕

　　　　散而歸於太虛，復其絪縕之本體，非消滅也。〔註33〕

　　　　故直言氣有陰陽，以明太虛之中，雖無形之可執，而溫肅、生殺、清濁之體性俱有於一氣之中，同爲固有之實也。〔註34〕

　　　　太虛之爲體，氣也。氣未成象，人見其虛，充周無間者，皆氣也。
〔註35〕

　　　　游於太虛以聽天之變化。〔註36〕

〔註30〕戴景賢先生云：「且兩書之於朱子、橫渠之稱揚、批評，亦是《內傳》輕而《正蒙注》重。衡之以船山最後之自題墓石，有『希張子之正學而力不能企』一語，想亦是以《正蒙注》後者爲近是」。參看戴景賢先生《王船山之道器論》第四章（三），196頁。

〔註31〕《內傳》中船山曾有「周流六虛，無有典要」之語，雖然「六虛」與「太虛」之虛空義類似，但船山用「六虛」，不用「太虛」，可證其著《內傳》時尚未注《正蒙》。

〔註32〕《船山全書》第12冊《張子正蒙注·太和篇》，頁17。

〔註33〕《船山全書》第12冊《張子正蒙注·太和篇》，頁19。

〔註34〕船山全書》第12冊《張子正蒙注·神化篇》，頁80。

〔註35〕船山全書》第12冊《張子正蒙注·可狀篇》，頁377。

〔註36〕船山全書》第12冊《張子正蒙注·可狀篇》，頁379。

《正蒙注》一書中「太虛」一詞可謂俯拾皆是。船山所謂「太虛」與《內傳》中所用的「天地」、「兩間」意義相同。然而何以對一相通的觀念在《內傳》中用「天地」、「兩間」，而於《正蒙注》則大用「太虛」一詞？此可証明《正蒙注》成書必在《周易內傳》之後。如果《正蒙注》作於《周易內傳》之前，則其於《正蒙注》中大闡「太虛」之觀念，何以至《周易內傳》時反而使用詞義較爲傳統的「天地」或「兩間」，而完全不及「太虛」一詞？〔註37〕故《正蒙注》成書應在《周易內傳》之後。

　　從以上各方面的考索，可知《正蒙注》的成書年代在《周易內傳》之後應該是可以確定的。《正蒙注》既然是船山在理學方面最後的著作，則其思想的最後取向自然應以此書爲依據。這也是本章對此一問題加以考索的目的。

〔註37〕「太虛」一詞之義不止於所謂「周流六虛」之「虛空義」，其「體質義」亦爲船山論氣時的重要觀念，而此觀念在《內傳》中已有，然船山卻都不用「太虛」一詞，可見其著《內傳》時必尚未注《正蒙》，甚至尚未注意到《正蒙》一書中的思想。

第三章 《正蒙注》中的幾個重要問題

第一節 船山論「太虛」與「氣」

引言——船山論氣的體用觀與朱子不同——「太虛」的虛空義——「太虛」的體質義——橫渠論太虛並未及理體義——「太虛」的理體義——「太虛」由體質義至理體義的演化——船山論「太和」

船山論「氣」，在體用觀念上與朱子有所不同。朱子言「理、氣」雖主張二者「不離不雜」，然在觀念上其實有分別：

未有天地之先，畢竟也只是理。有此理便有此天地；若無此理，便亦無天地、無人、無物，都無該載了。

有是理便有是氣，但理是本。〔註1〕

所謂理與氣，此決是二物。但在物上看，則二物渾淪不可分開，各在一處，然不害二物之各爲一物也。若在理上看，則雖未有物，而已有物之理，然亦但有其理而已，未嘗實有是物也。〔註2〕

朱子的理氣思想較重分析，因此形上、形下的分別極爲明顯；然另一方面朱子有時也不贊成嚴格地分別形上、形下。《朱子語類》云：

形而上、形而下只就形處離合分別，此正是界至處。若只說在上在下，便成兩截矣。〔註3〕

〔註1〕 《朱子語類》第1冊卷1〈理氣上〉，（臺北：華世出版社，1987年1月，頁1～2）。

〔註2〕 《朱文公文集》上冊卷46〈答劉叔文〉，（臺北：臺灣商務印書館，1980年10月，頁738）。

〔註3〕 《朱子語類》第6冊卷94〈周子之書・太極圖〉，頁2369。

朱子似乎只是不贊成機械性地分別形上、形下，但統觀朱子之文獻，基本上仍是以「理」爲形上，以「氣」爲形下。雖主張「理氣不相離」，然理氣仍可就「形處離合」分別。「理」、「氣」雖不能離形器而存有，卻不礙其有就形處離合的分別，也不能完全泯同，因此甚至明白表示「理、氣決是二物」。

船山論「氣」則與朱子不同，最大的差別在於船山不如朱子嚴格區分形上與形下，而是通形上、形下爲一體〔註4〕。朱子論「氣」，因與形上之「理」對言，故含有較濃厚的「物質」、「體質」之義。而船山論氣則徹形上形下爲一，氣涵有「體質」的意義，也兼有形上的「本體」意義〔註5〕。《正蒙注》中船山雖然也提到「理」，然只是附屬的意義。所謂「理」指氣的聚散、攻取所自然形成的「條理」，只是「分理」，並不是帶有本體義的「至理」或「理體」。由此可見，船山《正蒙注》中的「氣」與朱子理氣分言之下的「氣」，二者在觀念內容上是有不同的。

船山的思想始終都不離實有論的主張，極不喜蹈空言虛，故其論「氣」，也以「實有」爲基礎。「實有」不但在時間上是「永恒」，更重要的在空間上必須是「無限」。船山主張「氣」普遍存在於宇宙之中，天地之間無有能離氣者，所謂「虛空」都是氣之所充滿，無有所謂「空」、「無」如佛老之所言者〔註6〕。船山這種強調「氣」的普遍實在的思維，即表現在「太虛」的觀念中。其論「氣」之時往往強調此一觀念，在《正蒙注・太和篇》之中尤多：

> 於太虛之中具有而未成乎形，氣自足也。聚散變化而其本體不爲之損益。

> 虛空者，氣之量。氣彌淪無涯而希微不形，則人見虛空而不見氣。凡虛空皆氣也。

> 陰陽二氣充滿太虛。此外更無他物，亦無間隙。

> 人之所見爲太虛者，氣也，非虛也。虛涵氣，氣充虛，無有所謂無者。

〔註7〕

〔註4〕 可參看唐君毅先生《中國哲學原論》《原教篇下》第二十章〈王船山之天道論〉，515頁。

〔註5〕 可參看曾昭旭先生「《王船山哲學》」第三編第二章〈論船山之即氣言體〉。（臺北：遠景出版事業公司，1983年2月，頁325～347）。

〔註6〕 船山認爲釋氏之學主「空」，老氏之學主「無」；前者「銷礙入空」，後者則是「有生於無」。此最爲船山所反對，故船山屢次強調張子「知太虛即氣，則無無」的觀念。認爲氣既充滿於太虛之中，則無所謂「空」、「無」者，所謂「無」其實是氣之散而未形，以致離明不得施而已，本質仍是一氣自足。船山即以此義爲其反對佛老二氏學的基本論點，藉「太虛一氣」之「實有」以摧破異端之「空無」，而建立所謂先秦孔孟之正學。

〔註7〕 《船山全書》第12冊《張子正蒙注・太和篇》頁17、23、26、30。

《正蒙注》中類此者屢屢可見。船山論「太虛」含有極濃厚的「虛空義」〔註8〕。一實之氣彌淪絪縕於宇宙太虛中的「虛空義」既顯，則自然可以引申出氣的「本體義」，然而此處所謂「本體義」是以「體質義」為基礎的。前言船山之論「氣」貫通形上形下而為一。「氣」之上無更高之「理」做為本體。萬物生化都導源於「氣」本身的體性。天地萬物不論形、未形都以「氣」為「體質」。張子所謂「太虛無形、氣之本體」是「體質」之體，而非「理體」之體。船山之意：「太虛」是氣未形的狀態，即氣之本體狀態，而此未形的本體狀態之氣絪縕於天地之中，必然為構成萬物的基本質素，因此「太虛」乃由普遍存在的虛空義，進而發展出構成一切天地萬物的體質義。

船山所言太虛的「本體義」尚不止於上述所謂的「體質義」，更進一步引申出「理體義」。這是船山與橫渠論「太虛」觀念的最大差異〔註9〕。

橫渠《正蒙·太和篇》曰：「太虛即氣」。此一「即」字近人多解釋為「圓融之即」，即是以「太虛」為氣的「理體」，與「氣」構成形上、形下的結構〔註10〕。然細繹橫渠《正蒙·太和篇》論「氣」與「太虛」的文字，卻頗覺扞格：

> 氣之聚散於太虛，猶冰凝釋於水，知太虛即氣，則無無。
>
> 太虛無形，氣之本體；其聚其散，變化之客形爾。
>
> 太虛不能無氣，氣不能不聚而為萬物，萬物不能不散而為太虛。循是
>
> 出入，是皆不得已而然也。

從以上所引的文字中細加推敲，當可發現橫渠所言的「太虛」並不指「理體」之義。橫渠既言「氣之聚散於太虛」，「太虛」如果是一形上理體，如何有所謂「聚散」的問題？且下文又接一比喻：「猶冰凝釋於水」，這個比喻不能忽略。橫渠正是以「冰」和「水」的關係，來類比「氣」和「太虛」的關係。冰乃水之凝結，冰溶釋之後又成為水，故「冰」與「水」只是樣態不同而已，其本質則同。「氣」與「太虛」的關係也是如此，「氣」是「太虛」之聚，「太虛」乃「氣」之散而未形。故橫渠曰：「太虛無形，氣之本體；其聚其散，變化之客形爾」〔註11〕，橫渠所謂「客形」指的是

〔註8〕 此處所謂「虛空」，不一定指物理學或哲學上所說的「空間」，只是藉以說明「氣」之塊然絪縕於宇宙天地間之普遍存在而已。船山也曾說「凡虛空皆氣也」。

〔註9〕 橫渠論「太虛」僅止於一氣絪縕宇宙之「虛空義」，及「太虛無形，氣之本體」之「體質義」，並未進一步以「太虛」為形上之理體，《正蒙》一書中未見橫渠有此觀念。

〔註10〕 牟宗三先生即主張此說。請參看《心體與性體》第一冊第二章第一節〈《正蒙·太和篇第一》疏解：道體義疏解〉，（臺北：正中書局1981年10月，頁437～487）。

〔註11〕 「太虛無形，氣之本體」極易誤解為：「太虛為氣的理體」。而使「太虛」與「氣」成為形上、形下體用之對待。此句應連接其下文「其聚其散，變化之客形爾。」才能得其正解。橫渠之意：「太虛」乃指氣絪縕未形，目不可見，耳不可聞的狀態，而此絪縕未形之太虛，即是氣之本體狀態。其中的誤解都是因為對「本體」二字的解

太虛之氣聚散而成的形器，由此可知：「氣」與「太虛」乃是「本體」與「客形」的差別，只是聚散形式的不同，並非本質上的不同。嚴格而言，其實都是一「氣」，也可說都是一「太虛」。

　　橫渠又言「太虛不能無氣。氣不能不聚而爲萬物，萬物不能不散而爲太虛」，萬物都是太虛之氣所凝聚而成，也終將銷散而復歸於太虛。可知橫渠之論「太虛」僅止於「虛空義」與「體質義」，並未以「太虛」做爲形上的理體。船山論「太虛」在「虛空義」和「體質義」方面大致都不離橫渠之意，「太虛」同樣是指「氣未形絪縕的狀態」。船山曰：

　　　　陰陽異撰，而其絪縕於太虛之中，合同而不相悖害。渾淪無間，和之至也。

　　　　散而歸於太虛，復其絪縕之本體，非消滅也。〔註12〕

　　　　太虛之爲體，氣也。氣未成象，人見其虛，充周無間者皆氣也。〔註13〕

　　　　陽不能安於聚，必散；其散也，陰亦與之，均散而返於太虛。〔註14〕

　　這些觀念在《正蒙注》中處處可見，並無問題。然而若通檢《正蒙注》中所有的「太虛」一詞，細加尋繹，即可進一步發現船山之論「太虛」，其意義內容實不僅止於橫渠所言的「虛空義」與「體質義」而已。

　　　　性盡則生死屈伸一貞乎道，而不撓太虛之本體；動靜語默一貞乎仁，而不喪健順之良能。

　　　　聖人之存神，本合乎至一之太虛。而立教之本，必因陰陽已分，剛柔成象之體，蓋以由兩而見一也。

　　　　至誠體太虛至和之實理，與絪縕未分之道通一不二，是得天之所以爲天也。其所存之神，不行而至，與太虛妙應以生人物之良能一矣。〔註15〕

此處船山所謂「太虛」之義，似乎已不能解釋爲一氣未化之絪縕，而是已提升至涵有「理體義」意味的層次〔註16〕。船山「太虛」觀念所引申出來的「理體」義，也

釋不同所致。

〔註12〕《船山全書》第12冊《張子正蒙注‧太和篇》，頁15、19。

〔註13〕《船山全書》第12冊《張子正蒙注‧可狀篇》，頁377。

〔註14〕《船山全書》第12冊《張子正蒙注‧參兩篇》，頁57。

〔註15〕《船山全書》第12冊《張子正蒙注‧太和篇》，頁18、37、34。

〔註16〕船山此處可以作理體義解釋的「太虛」，仍與朱子理氣二元論中的「理」涵義不同。基本上朱子的「理」是靜態的，朱子曾言「理」是「無計度、無造作的靜潔空闊的世界」，只能做爲宇宙萬化的「存在之理」，而不能做爲宇宙萬物創生地妙運的實現之理；而船山則是依氣化妙應之動義而言者。太虛即氣，氣必然是動的，因此船山此處所言太虛的理體義也必然是含活動義的，船山從來不曾有「靜態之理」的觀念。

是由其「體質義」演變而來。「太虛」既是氣之未形的本體狀態，耳不能聞，目不能見，能爲一切萬物構成的體質，故此「太虛」即爲一切物的「本體」。正因爲船山論氣不分形上與形下，即形下之氣可以爲形上之體，因此船山「太虛」之所謂「本體」的內容很容易由「體質義」引申發展出「理體義」。

太虛無形之氣，可以聚散凝釋成宇宙天地一切萬物，可入萬物之中，萬物亦可入於其中；且因其未形，故變化不測，不受制於一形一器。船山曰：

> 太和絪縕爲太虛，以有體無形爲性，可以資廣生大生而無所倚，道之本體也。二氣之動，交感而生，凝滯而成物我之萬象，雖即太和不容已之大用，而與本體之虛湛異矣！〔註17〕

「太虛」未形之氣因爲有此「可以資廣生大生而無所倚」的特性，故船山以之與「神」義相結合。船山於《正蒙注》中較少言「理」，卻大發揮不測之「神」，這是因爲船山思想中本來就有「化無定理」的傾向〔註18〕。船山由「太虛」引申出「神」的觀念，也代表了「太虛」在「體質義」之外進一步向「理體義」方面的發展。關於「太虛」與「神」的關係及其觀念間之轉變，將於下文論「神」的部份再加以論述。

船山論氣，除「太虛」之外，另有「太和」的觀念：

> 太和，和之至也。道者，天地人物之通理，即所謂太極也。陰陽異撰，而其絪縕於太虛之中，合同而不相悖害，渾淪無間，和之至也。未有形器之先，本無不和；既有形器之後，其和不失，故曰太和。
>
> 太和本然之體，未有知也，未有能也，易簡而已，而其所涵之性有健有順。故知於此起，法於此效，而大用行矣！
>
> 太和之中，有氣有神。神者非他，二氣清通之理也。不可象者即在象中，陰與陽和，氣與神和，是謂太和。〔註19〕

船山論「太和」，大致與橫渠所見略同，所謂「太和」者，蓋指宇宙生化之總體。「太虛」指氣未形的本體絪縕狀態而言，與「太和」就宇宙形與未形者一體概括而言之者，其意義稍有不同。且正因爲「太和」已包含形與未形，故其中已有氣之聚散之

〔註17〕 《船山全書》第12冊《張子正蒙注·太和篇》，頁40～41。

〔註18〕 船山始終反對宇宙之動化受一預定之理支配的主張。《外傳》中所謂「適然之妙」，即可看出此種傾向。船山早期的思想因與濂溪、朱子的關係尚深，其時尚多言「道」或「太極」，故此種傾向尚未十分強烈。迨至其著《內傳》之時，因分陰陽爲二氣，原本「道」的支配地位大幅下降，強調宇宙大化皆出於二氣本身之推盪，非是受「道」之支配，因此「化無定理」之傾向乃得以凸顯，此由船山於《內傳》中大強調「神」之不測義即可知。

〔註19〕 《船山全書》第12冊《張子正蒙注·太和篇》，頁15、16。

「理勢」。船山曰：

> 輕者浮，重者沉；親上者升，親下者降；動而趨行者動，動而赴止者
> 靜，皆陰陽和合之氣所必有之幾，而成乎情之固然，猶人之有性也。絪縕，
> 太和未分之本然；相盪，其必然之理勢；勝負，因其分數之多寡，乘乎時
> 位，一盈一虛也。勝則伸，負則屈，勝負屈伸，衰王死生之成象，其始則
> 動之幾也。此言天地人物消長死生自然之數，皆太和必有之幾。〔註20〕

「太和」之中生化之理勢即所謂「幾」，「幾」者理勢之微之始也。由「幾」發始，消長、屈伸、勝負，皆必然之理勢。此「太和之幾」從另一個角度看即是「神」，即是所謂「二氣清通之理」。「太和」一詞中的「和」，正是指氣之推盪生化有必然的理勢，依此清通之理，故能「協於一而和」。船山注《正蒙・太和篇》「太和所謂道」之時曰：「太和，和之至也。道者，天地人物之通理」，船山以「道之通理」來解釋「太和」。由此即可知，「太虛」與「太和」的差別在於：前者是氣之未形絪縕而涵無限動能的狀態，後者則是因爲含生化之形與未形，故已顯現天地人物之通理。

第二節　船山論氣之聚散

> 氣之聚散即顯現「理」──氣之聚散相涵，非截然可分──氣之聚散
> 都依於對、反、仇、和的規則而終必和解──氣只有聚散而無生滅──船
> 山橫渠論氣之聚散與朱子不同，對朱子大輪迴批評的駁斥──船山論二氣
> 聚散的秩序義

船山既以陰陽之氣爲首出，則「理」的觀念則轉成爲附屬。氣聚散而成形器，固有偏正之別，然皆有其理則，氣之聚散屈伸即顯現爲「理」，即使是「非理」，亦是一理。船山曰：

> 有變合則有善，善者即理；有變合則有不善，不善者謂之非理，謂之
> 非理者，亦是理上反照出底，則亦何莫非理哉！〔註21〕

「非理」也是理上反照出來的，「理」與「非理」都可以涵容在一更廣義的「理」之中。船山在《正蒙注》中，對代表宇宙秩序的「理」的觀念，較之《內傳》之時又有不同〔註22〕。

〔註20〕《船山全書》第 12 冊《張子正蒙注・太和篇》，頁 15～16。
〔註21〕《船山全書》第 6 冊《讀四書大全說》卷 10，頁 1055。
〔註22〕船山著《內傳》時大發揮「神」的不測義，主張天道無擇無端，周流六虛，無有典

　　然而氣的聚散並非截然可分，聚中有散，散中又有聚，聚散幽明互依而成「理」。正因如此，故盡性存神可以前知。「神」固有「不測」義，同時也有「前知」義。故散可知其將聚之理，而聚也可知其將散之理：

　　　　盡心思以窮神知化，則方其可見而知其必有所歸往，則明之中具幽之
　　　　理；方其不可見，而知其必且相感以聚，則幽之中具明之理。此聖人所以
　　　　知幽明之故，而不言有無也。〔註23〕

　　氣之聚散幽明相感以生化一切形器，皆「同異、屈伸、終始以發明之」，其演進都遵循「對」、「反」、「仇」、「和」的規則，船山曰：

　　　　以氣化言之，陰陽各成其象，則相爲對，剛柔、寒溫、生殺，必相反
　　　　而相爲仇。乃其究也，互以相成，無終相敵之理，而解散仍返於太虛。以
　　　　在人之性情言之，已成形則與物爲對，而利於物者損於己，利於己者損於
　　　　物，必相反而仇，然終不能不取物以自益也，和而解矣。〔註24〕

物之對、反、相、仇，即是互依而成，船山又曰：

　　　　凡物非相類則相反。易之爲象：乾坤、坎離、頤大過、中孚小過之相
　　　　錯，餘卦二十八象之相綜，物象備矣。錯者同異也，綜者屈伸也。萬物之
　　　　成以錯綜而成用。或同者：如金鑠而肖水，木灰而肖土之類。或異者：如
　　　　水之寒，火之熱，鳥之飛，魚之潛之類。或屈而鬼，或伸而神；或屈而小，
　　　　或伸而大；或始同而終異，或始異而終同。比類相觀，乃知此物所以成彼
　　　　物之利。金得火而成器，木受鑽而生火，惟於天下之物知之明，而合之、
　　　　離之、消之、長之，乃成吾用。不然，物各自物，而非我所得用，非物矣。
　　〔註25〕

船山既然主張宇宙天地終不能外於一氣而存在，則萬物之生雖不能不有同異、攻取而成相反相仇，但終必歸於和解。因此聚散只是一氣之反覆，本體並無損益。船山即以此義力斥「生滅」之說，做爲闢佛老的理論基礎。《正蒙注・太和篇》第三章末有一段頗長的總結文字，即力闡此說，今刪取其要，引之如下：

　　　　此章乃一篇之大旨。貞生死以盡人道，乃張子之絕學，發前聖之蘊以
　　　　闢佛老而正人心者也。朱子以其言既聚而散，散而復聚，譏其爲大輪迴。

　　　要，因時順變，不主故常，其「化無定理」的意味十分強烈，幾乎完全否認宇宙生
　　化的整體性與秩序性，而注《正蒙》時則提出「非理亦是理反照出來」的觀念，似
　　乎已不似作《內傳》之時否認宇宙之秩序性。
〔註23〕《船山全書》第12冊《張子正蒙注・太和篇》，頁29。
〔註24〕《船山全書》第12冊《張子正蒙注・太和篇》，頁41。
〔註25〕《船山全書》第12冊《張子正蒙注・動物篇》，頁106。

而愚以爲朱子之說正近於釋氏滅盡之言，而與聖人之言異。孔子曰：「未知死，焉知死？」則生之散而爲死，死之可復聚爲生，其理一轍明矣。易曰：「精氣爲物，遊魂爲變」，遊魂者，魂之散而遊於虛也。爲變則還以生變化明矣。又曰：「屈伸相感而利生焉」，伸之感而屈，生而死也；屈之感而伸，非既屈者因感而可復伸乎？……以天運物象言之：春夏爲生、爲來、爲伸；秋冬爲殺、爲往、爲屈。而秋冬生氣潛藏於地中，枝葉槁而根本固榮，則非秋冬之一消滅而更無餘也。車薪之火，一烈已盡，而爲燄、爲煙、爲燼，木者仍歸木，水者仍歸水，土者仍歸土，特希微而人不見爾。……未嘗有辛勤歲月之積，一旦悉化爲烏有明矣。故曰往來、曰屈伸、曰聚散、曰幽明，而不曰生滅。生滅者，釋氏之陋說也。儻如散盡無餘之說，則此太極渾淪之內，何處爲其翕受消歸之府乎？又云：「造化日新而不用其故」，止此太虛之內，亦何從得此無盡之儲，以終古趨於滅而不匱也？且以人事言之：君子修身俟命，所以事天，全而生之，全而歸之，所以事親。使一死而消散無餘，則諺所謂伯夷、盜蹠同歸一邱者，又何恤而不逞志縱欲，不亡以待盡乎！〔註26〕

船山在章末之按語中以如此長的文字論述一問題，《正蒙注》全書中，此爲僅見者。船山思想始終都不離實有論，其闢二氏陸王也是始終如一。船山論氣既不分形上形下，以一實之氣概括宇宙天地之間的生化、聚散、形未形；故船山所謂「理」不過是氣之聚散屈伸所顯現的「條理」、「分理」而已，並無形上「理體」、「至理」的本體義。

船山這種「氣聚散循環生萬物」的觀念事實上是對朱子的反駁〔註27〕。朱子以理、氣分形上形下，主張「理先氣後」，「未有天地之先，畢竟是先有此理」〔註28〕。朱子言「理」其意義強，因此論「氣」較偏向形下言，故主張「氣散則不復聚」。《語類》云：

可幾問：大鈞播物，還是一去便休也，還有去而復來之理？曰：一去便休耳，豈有散而復聚之氣？

問氣之屈伸。曰：譬如將水放鍋裏煮。水既乾，那泉水依前又來，不到得將已乾之水去做它。〔註29〕

〔註26〕《船山全書》第12冊《張子正蒙注・太和篇》，頁21～22。此文中所謂「造化日新而不用其故」之意即出於伊川，見《二程集・河南程氏遺書》卷15，（臺北：漢京文化事業有限公司，1983年9月，頁148、163）。

〔註27〕同時也針對伊川。

〔註28〕《朱子語類》第1冊卷1〈理氣上〉，頁1。

〔註29〕《朱子語類》第1冊卷1〈理氣上〉，頁8。

船山則不同：天地萬物成壞不外是一氣之反復，聚而復散，散而復聚，何有所謂「生滅」？朱子以形而下論「氣」，天地之間森羅萬象，前者滅，後者生，無一物一事同者，故朱子主張氣散則不能復聚。船山則以爲事物形器固無前後相同者，然皆不能外於一實塊然之氣，氣仍是氣，聚散反復，於一實之氣毫無損益，只是所聚所散不能復其故而已，船山曰：

> 屈伸無方者，生死之所以不恒，而聚散不能仍復其故也。運行不息，則雖不復其故，而伸者屈，屈者必伸也。鼓動於太虛之中，因氣之純雜，而理之昏明、彊柔性各別矣。故自風雷水火，以至犬牛蛇虎，各成其性而自爲理。變化數遷，無一成之法則也。〔註30〕

比較朱子和船山的不同，可知何以船山駁斥朱子批評張子論氣之聚散屈伸爲大輪迴〔註31〕。

　　船山論氣之聚散時也連帶討論到宇宙大化的「秩序」問題。宋儒如朱子者論理氣之時皆以「氣」爲動化之主，「理」只是淨潔空闊的世界，然氣之動必須以理爲依，不能違反理。氣之動化，理雖管他不得，但不得踰越理的範圍。如此則宇宙生化的「動能義」屬「氣」，而「秩序義」則屬「理」。船山既然以「陰陽爲截然之二氣」，「先動靜而有其靜存之體」，宇宙大化全由陰陽二氣摩盪屈伸而成，因此「理」的指導義已退失，而宇宙生化的「動能」義和「秩序」義自然統於陰陽二氣。然而船山的思想中並不承認宇宙是一個有一定秩序的整體，尤其反對宇宙流動受一預定的「理」支配的觀念。故所謂「秩序」也只是相對的秩序義而已。

> 陰陽有定用，化育無定體，故陰陽可見，化育不可見。〔註32〕

船山認爲陰陽二氣有一定的「體性」，其才質、性情、功效皆有軌則，故陰陽感應以成乎形器的過程中，若陰陽的時位相同，則可顯現相同的條理，故宇宙之中可以有某一意義的秩序。然陰陽何以顯現某一時位，而生某一條理？則並無一更高的「條理」加以支配，這也無法由陰陽二氣本身的「體性」來解釋，所謂船山反對宇宙的「整體性」與「秩序性」，僅限於此一層面的意義，其實船山並不反對陰陽若處相同的時位，則有一定的「感應的條理」〔註33〕。

　　然《周易內傳》論及宇宙的「秩序性」與「整體性」的問題時則與上述者略有

〔註30〕《船山全書》第 12 冊《張子正蒙注・參兩篇》，頁 55。
〔註31〕《朱子語類》第 7 冊卷 99〈張子之書二〉：「橫渠闢釋氏輪回之說，然其說聚散屈伸處，其弊卻是大輪回。蓋釋氏是箇箇各自輪回，橫渠一發和了，依舊一大輪回」。頁 2537。
〔註32〕《船山全書》第 6 冊《讀四書大全說》卷 6《論語・衛靈公篇十》，頁 827。
〔註33〕請參看戴景賢先生《王船山之道器論》第六章（八），369 頁。

不同。《內傳》中船山因初以陰陽爲二氣，因此大發揮不測之「神」義，主張「天道無澤」，較少言及「理」的秩序義。

> 神者，道之妙萬物者也。易之所可見者象也，可數者數也，而立於吉凶之先，無心於分而爲兩之際，人謀之所不至，其動靜無端，莫之爲而爲者，神也。使陰陽有一成之則，升降消長，以漸而爲序，以均而爲適，則人可以私意測之，而無所謂神矣！

> 夫性一也，皆繼道以生之善也。然而聖人有憂，仁知有其偏見，百姓用而不知。惟至健至順之極變化以周於險阻者，無擇無端，而時至幾生於不容已，莫能測也。易唯以此體其無方，爲其無體，周流六虛，無有典要，因時順變，不主故常。則性載神以盡用，神帥性以達權之道至矣！〔註34〕

《內傳》中船山言「神」之義以此段文字爲代表，重點全在「不測」之義上發揮。然《正蒙注》時船山又多言「理」的觀念，在宇宙秩序的觀念方面，較之《內傳》又有某些程度的轉變。船山曰：

> 太和，和之至也。道者天地人物之通理，即所謂太極也。

> 太和之中有氣有神，神者非他，二氣清通之理也。〔註35〕

> 天命，太和絪縕之氣，屈伸而成萬化，氣至而神至，神至而理存者也。

〔註36〕

> 理有其定，合則應。或求而不得，或不求而得。人見其不測，不知其有定，而謂之神。

> 恃聰明聞見，而不存神以體實理，其教人必抑人從己。〔註37〕

船山此處言「神」不再就「化無定理」的不測義上發揮，主張「神」即是「二氣清通之理」。所謂「理有其定，合則應」正是指陰陽二氣若居相同的時位，則必顯現相同的「感應的條理」。故理亦有定，存神即可以體此有定之實理。船山於《內傳》中論「神」重在其「不測義」，而於《正蒙注》中則兼及其「前知義」。此一轉變使得船山再度給賦予宇宙動化某一程度的「整體性」意義。雖然船山終究仍不願承認宇宙全面的整體性與秩序性，但至少承認有基於陰陽二氣在相同的時位之時所產生的「通理」。當然陰陽二氣何以能處此時位？則非「通理」所能解釋，甚至亦非陰陽靜

〔註34〕《船山全書》第1冊《周易內傳・繫辭上傳第五章》，頁531。
〔註35〕《船山全書》第12冊《張子正蒙注・太和篇》，頁15、16。
〔註36〕《船山全書》第12冊《張子正蒙注・大心篇》，頁153。
〔註37〕《船山全書》第12冊《張子正蒙注・可狀篇》，頁377、380。

存之體性所能解釋。陰陽之殊性只能解釋感應所生的條理，而無法解釋何以產生此一感應的原因。因此船山不得不歸之於「理勢之自然」：

> 氣之聚散，物之死生，出而來，入而往，皆理勢之自然，不能已止者也。不可據之以爲常，不可揮之而使散，不可挽之而使留。是以君子安生安死，於氣之屈伸無所施其作爲，俟命而已矣！〔註38〕

船山此處所謂「俟命」，與其說是宇宙生化的無秩序，不如說慨嘆宇宙生化的無「目的」。宇宙生化何以具此時位而生此感應，並無一特定的「目的」加以規範和引導，宇宙是一個「秩序」與「非秩序」的總合體。因此船山雖能解釋某一層次的氣化聚散所形成的秩序義，然而對整個宇宙陰陽二氣的聚散過程，也只能推之於不得不爾的「自然」而已。

第三節　船山論氣之陰陽

> 朱子主陰陽爲一氣——《外傳》、《大全說》時船山仍主一氣——《內傳》、《正蒙注》時船山主陰陽爲二氣——陰陽先動靜而存在——分陰陽爲二氣後，「道」與「太極」的地位下降——陰陽二氣體性的不同——陰陽雜糅而不偏專以化生萬物——朱子以對待義論陰陽——陰陽十二位半隱半現之說——陰陽之精——船山分陰陽爲二氣的背景

船山既以「氣」爲首出觀念，則「陰陽」必然成爲其論氣的重要節目。船山早期寫作《周易外傳》時，對「一陰一陽之謂道」的解釋雖然與宋儒有所不同，然「陰陽是一氣的兩種形式」仍是傳統觀念。在《周易外傳》中尚未主張陰陽爲截然之二氣，彼時船山所討論者重在「陰陽」與「道」的關係。到了四十七歲寫作《讀四書大全說》時，雖然在道器論的觀念上有所改變，然「陰陽爲一氣之兩分」的主張仍然未變。

船山早年作《周易外傳》時，論「陰陽」與「道」的關係曰：

> 易固曰：「一陰一陽之謂道」，一之一之云者，蓋以言夫主持而分劑之也。

> 陰陽之生，一太極之動靜也。

> 故道也者，有時而任其性，有時而弼其情，有時而盡其才，有時而節其氣，有所宜陽則登陽，有所宜陰則進陰。

〔註38〕《船山全書》第12冊《張子正蒙注·太和篇》，頁20。

　　　　其一之一之者即與爲體，挾與流行，而持之以不過者也。〔註39〕

道與陰陽爲體，挾與流行，則陰陽與道乃相與始終，不能以先後論。由此推論，天地必無所謂「未形之始」。且「道」既主持而分劑夫陰陽，動之義落于「道」，則陰陽自然爲一氣之兩分，所謂「陰陽之生，一太極之動靜也」。船山此時仍是主張陰陽出於太極之動靜，由太極之動靜乃生陰陽，非陰陽先動靜而存在。

　　然而到《大全說》之時，船山觀念已改變。主張天地有未化之始，渾然元氣，陰陽未分，形象未具；已化之後，乃分陰陽。如此則陰陽仍是一氣之二分，只是未化時爲元氣，已化後判而爲陰陽而已。

　　然而船山六十七歲作《周易內傳》時，「陰陽」的觀念有了重大的改變：

　　　　陰陽者，太極所有之實也。凡兩間之所有：爲形爲象，爲精爲氣，爲清爲濁，自雷風、水火、山澤以至蜎子萌芽之小。自成形而上以至未有成形，相與絪縕以待用之初，皆此二者之充塞無間，而判然各爲一物。其性情、才質、功效皆不可強之而同。動靜者陰陽交感之幾也。動者陰陽之動，靜者陰陽之靜也。其謂動屬陽靜屬陰者，以其性之所利而用之所著者言之爾，非動之外無陽之實體，靜之外無陰之實體，因動靜而始有陰陽也。故曰：「陰陽無始」，言其有在動靜之先也。……合之則爲太極，分之則謂之陰陽，不可強同而不相悖害，謂之「太和」。皆以言乎陰陽靜存之體，而動發亦不失也。〔註40〕

《正蒙注》與《內傳》時代相去不遠，對此一問題的觀念也完全一致。船山注《正蒙·大易篇》「一物而兩體，其太極之謂與」之時曰：

　　　　故謂太極靜而生陰，動而生陽。自其動幾已後之化言之，則陰陽因動靜而著。若其本有爲所動所靜，則陰陽各爲其體，而動靜者乃陰陽之動靜也。靜則陰氣聚以函陽，動則陽氣伸以盪陰，陰陽之非因動靜而始有明矣。

　　　　故曰「兩體」，不曰「兩用」。〔註41〕

陰陽已是截然之二氣，其性情、材質、功效都不相同，無始以來陰陽各具有其「靜存之體」，已自存於「動靜」之先，而非太極動靜之所成。船山特別順著橫渠「一物而兩體」之語，指明是「兩體」，而不是「兩用」。船山論陰陽一向都依傳統說法主張「陰陽」在「動靜」之後，如今則強調「陰陽」在「動靜」之先：

　　　　動靜有時而陰陽常在，有無無異也。誤解〈太極圖〉者，謂太極本未

〔註39〕《船山全書》第 1 冊《周易外傳·繫辭上傳第五章》，頁 1004～1005。
〔註40〕《船山全書》第 1 冊《周易內傳》卷 5 上〈繫辭上傳第五章〉，頁 524～525。
〔註41〕《船山全書》第 12 冊《張子正蒙注》，頁 275～276。

有陰陽，因動而始生陽，靜而始生陰。不知動靜所生之陰陽爲寒暑、潤躁、
男女之情質，乃固有之蘊，其絪縕充滿在動靜之先，動靜者，即此陰陽之
動靜。動則陰變於陽，靜則陽凝於陰，一震巽坎離艮兌之生於乾坤也。非
動而後有陽，靜而後有陰，本無二氣，由動靜而生，如老氏之說也。〔註42〕

「動靜有時而陰陽常在，有無無異也」，此語最值得注意。船山強調陰有動靜，陽也
有動靜，正是主張「陰陽」先於「動靜」，爲自來已存之「二氣」。

　　船山於《外傳》及《大全說》之時，仍主張「道」有均衡陰陽的作用，所謂「調
之有適然之妙」。船山雖始終不主張宇宙大化之上有一最高的指導原則，然天地之化
仍隱然有一秩序性存在，「道」之於陰陽，即是表現出「整體性」與「秩序性」的意
義。然至寫作《周易內傳》與《正蒙注》之時，天地動化之主乃從「道」轉移到陰
陽二氣之上，天地之化決於二氣之體性；「太極」降而爲形容宇宙「渾合」之詞，「道」
也由主持分劑夫陰陽的指導地位，降而爲氣化所成之分理。船山曰：

　　陰陽無始者也，太極非孤立於陰陽之上者也。〔註43〕

　　道者，天地人物之通理，即所謂太極也。〔註44〕

　　陰陽具於太虛絪縕之中。其一陰一陽，或動或靜，相與摩盪，乘其時
位，以著其功能。五行萬物之融結流止，飛潛動植，各自成其條理而不妄。
則物有物之道，人有人之道，鬼神有鬼神之道。而知之必明，處之必當，
皆循此以爲當然之則，於此言之則謂之道。〔註45〕

　　「道」與「太極」已變成陰陽摩盪生化所成的「條理」或「分理」，其「命化」
的意義已失，因此道與太極在船山的思想體系中已失去其首出的地位。船山晚歲於
解釋宇宙生化之秩序時，曾提出「天道無擇」的觀念〔註46〕，不承認宇宙爲一具有
絕對秩序的整體，此一觀念至其注《正蒙注》時仍未改變。宇宙天地無方無體，在
不測之神化中唯一具有固定意義者，唯「陰陽二氣之體性」而已。船山注《正蒙注·
參兩篇》「陽之德主於遂，陰之德主於閉」之時曰：

　　德，謂性情功效。性情者其所自據之德，功效者見德於物也。遂，發
生成物；閉，收藏自成。凡發生暢遂皆陽之爲而用夫陰；收斂成形皆陰之
爲而保其陽。天地水火，四時百物，仁義禮樂，無不然者。〔註47〕

〔註42〕 《船山全書》第12冊《張子正蒙注》，頁24。
〔註43〕 《船山全書》第1冊《周易內傳·繫辭上傳第十一章》，頁562。
〔註44〕 《船山全書》第12冊《張子正蒙注》，頁15。
〔註45〕 《船山全書》第12冊《張子正蒙注》，頁32～33。
〔註46〕 此說大闡於《周易內傳》。
〔註47〕 《船山全書》第12冊《張子正蒙注·參兩篇》，頁56。

其注「陰性凝聚，陽性發散。陰聚之，陽必散之，其勢均散」之時曰：

> 天地之化，人物之生，皆具陰陽二氣。其中陽之性散，陰之性聚。
> 陰抱陽而聚，陽不能安於聚，必散；其散也，陰亦與之均散而返於太虛。
> 〔註48〕

船山以「陽」爲創造原則，主遂、主散；以「陰」爲終成原則，主閉、主聚。創造原則主「一」，而終成原則主「分殊」。船山曰：

> 天一地二，陽之爻函三爲一而奇，陰之爻得三之二而偶；偶則分，奇
> 則合。在天者渾淪一氣，凝結爲地，則陰陽分矣。〔註49〕

「陽」主一，故函三爲一而奇；「陰」主分，故得三之二而偶。創造必不限於一隅，而應物皆通，故函三而爲一。而終成原則必以分殊表現，分殊中一一皆具指導原則，故得三之二而偶。如此發遂之陽與收藏之陰相互摩盪而成宇宙之大化。

宇宙大化固由陰陽二氣推盪而成，然陰陽之爲氣並非局限於固定不變之質。陰陽同涵於氣之中，隨氣的聚散屈伸而隱顯。物的形質既變，則陰陽的時位也必然變，其外現者因而有交勝之理，故陽可聚而成陰，陰可散而爲陽。陰陽可以互變，而不是陽無往而不爲陽，陰無往而不爲陰。屈伸聚散之時位變，則陰陽有交互隱顯的不同。船山主張：陰陽雖各有不同的體性，然此體性因時位之不同而變化，陰陽並不局限於固定之氣，氣的本身也不能亘古爲陰或爲陽。故船山曰：「陰陽有定性而無定質」〔註50〕。

宇宙萬物之化成，基本上由陰陽二氣推盪而成，陰陽並無偏專，宇宙中絕無純陽或純陰之物，此一觀念《正蒙注》中屢次強調。例如：

> 自太和一氣而推之，陰陽之化自此而分。陰中有陽，陽中有陰，原本
> 於太極之一，非陰陽判離，各自孳生其類。故獨陰不成，孤陽不生，既生
> 既成，而陰陽又各殊體。其在於人，剛柔相濟，義利相裁，道器相需，以
> 成酬酢萬變之理，而皆協於一。

> 互藏其宅者，陽入陰中，陰麗陽中，坎離其象也。太和之氣，陰陽渾
> 合，互相容保其精，得太和之純粹。故陽非孤陽，陰非寡陰，相函而成質，
> 乃不失其和而久安。〔註51〕

陰陽推盪成天地形器時乃雜糅而成，陰中有陽，陽中有陰。然卻不礙爲殊體，以陰陽終究有其「靜存之體」。濂溪主張「太極動而生陽，靜而生陰，一動一靜，互爲其根」，

〔註48〕《船山全書》第12冊《張子正蒙注·參兩篇》，頁57。
〔註49〕《船山全書》第12冊《張子正蒙注·參兩篇》，頁45。
〔註50〕《船山全書》第12冊《張子正蒙注·參兩篇》，頁58。
〔註51〕《船山全書》第12冊《張子正蒙注·參兩篇》，頁47、54。

陰陽是動靜之所生，而一動一靜既互爲其根，不免令人有陰陽偏專對待之感。朱子論陰陽多承濂溪，故其論陰陽之生，乃一太極之動靜，而以「異時相禪」爲釋。朱子曰：

> 問「動而生陽，靜而生陰」。注：太極者，本然之妙，動靜者，所乘之機。太極只是理，理不可以動靜言。惟動而生陽，靜而生陰，理寓於氣，不能無動靜所乘之機，乘如乘載之乘。其動靜者，乃乘載在氣上，不覺動了靜，靜了又動。曰：然。又問：「動靜無端，陰陽無始」。那箇動又從上面靜生下，上面靜又是上面動生來，今姑把這箇說起。曰：然。〔註52〕

如此則陰陽動靜變成階段性的相對待。朱子十分強調陰陽的對待義，多從事物的感應對待上說陰陽。其又云：

> 天地間只有一箇陰陽。故程先生云：只有一個感與應。所謂陰與陽無處不是，且如前後，前便是陽，後便是陰；又如左右，左便是陽，右便是陰；又如上下，上面一截便是陽，下面一截便是陰。〔註53〕

朱子甚至主張天地間只有一箇陰陽，不論左右、前後、上下，其爲感應對待一也，都可以用陰陽來解釋。朱子又曰：

> 統言陰陽只是兩端，而陰中自分陰陽，陽中亦有陰陽。乾道成男，坤道成女。男雖屬陽，而不可謂其無陰；女雖屬陰，而不可謂其無陽。人身氣屬陽而氣有陰陽，血屬陰而血有陰陽。〔註54〕

此語乍看之下，似乎即是船山所言「陰陽雜糅互入以成形器」之意。然事實上朱子之意只是陰陽之下各得再分陰陽，以成感應對待之義而已。朱子基本上主張陰陽之爲二只是一氣動靜之所成，並非體性上固有二氣的分別，只是因對待不同所成的分別而已。故其落實成爲形器之時，若再雜糅互入如船山之所言者，則其時位乃泯，必然喪失其原來依動靜時位不同而生的意義。船山觀念則不然：陰陽既自始即爲截然之二氣，其分別乃體性上之分別，而非只是對待不同的分別，故陰陽二氣化生萬物時，即可雜糅互入，如水土之交融，陰陽雖雜糅於一物之中而仍不害其爲殊體。此船山與朱子論陰陽二氣之異也。

　　船山自始至終都不贊成孤陰孤陽可以生化萬物，故其論《易》也不主張「乾爲純陽」，「坤爲純陰」，因而有「十二位半隱半現」之說。《周易外傳》曰：

> 陽亦六也，陰亦六也。陰陽各六，而見於撰者半，居爲德者半，合德、

〔註52〕《朱子全書》下冊卷49〈理氣一，陰陽〉（臺北：廣學社印書館，1977年2月，頁1077）。
〔註53〕《朱子全書》下冊卷49〈理氣一，陰陽〉，頁1075～1076。
〔註54〕《朱子全書》下冊卷49〈理氣一，陰陽〉，頁1077。

撰而陰陽之數十二。故易有十二而位定於六者，撰可見，德不可見也。陰六陽六，陰陽十二，往來用半而不窮。其相雜者極於既濟、未濟，其相勝者極於復、姤、夬、剝。而其俱見於撰以爲至純者，莫盛於乾、坤。故曰：「乾坤其易之門邪」。

　　乾之見於撰者六陽，居以爲德者六陰，坤之見於撰者六陰，居以爲德者六陽。道有其六陽，乾俱見以爲撰，故可確然以其至健聽天下之化；道有六陰，坤俱見之爲撰，故可隤然以其至順聽天下之變。……由此觀之，陰陽各六，而數位必十有二，失半而無以成易。故因其撰、求其通、窺其體、備其德，而易可知已。〔註55〕

此說也見於《周易內傳》及《正蒙注》：

　　惟其乾坤竝建，六陽六陰各處於至足以儲用。而十二位之半隱而半見，惟見者爲形象之可用者也。〔註56〕

　　六十四卦六陰六陽具足，屈伸幽明，各以其時而已。故小人有性，君子有情。趨時應變者惟其富有，是以可日新而不困。

　　乾坤竝建，陰陽六位各至足以隨時而相爲隱顯以成錯綜。〔註57〕

船山認爲：萬物之化生都具有陰陽之全，特以其時位而爲隱顯之不同而已，雖有多少、盛衰、主輔的不同，所謂因時位之異而生萬象之殊者，然都具有陰陽之全，且六陰六陽必相持以均衡，德撰隱顯雖不齊，而終究無所偏勝。

　　另外船山在《正蒙・參兩篇》中又提到「陰陽之精」曰：

　　精者，陰陽有兆而相合，始聚而爲清微和粹，含神以爲氣母者也。苟非此，則天地之間一皆游氣而無實矣。互藏其宅者，陽入陰中，陰麗陽中，坎離其象也。太和之氣，陰陽渾合，互相容保其精，得太和之純粹。故陽非孤陽，陰非寡陰，相函而成質，乃不失其和而久安。〔註58〕

依照船山的解釋，「陰陽之精」應是「氣」最原始的性能，所謂「有兆」應是指陰陽二氣原本各自的所涵「靜存之體」，因此陰陽始聚之時，才能「清微和粹」，因此時陰陽之氣的體質極度清通，可聚而成任何形質之物，故曰：「含神以爲氣母」。陰陽之精可說是「氣」之所以能動化之實，若無此「精」則「一皆游氣而無實矣」。若陰陽之精在相合之後相互容保其精，保持清通之狀態，與太和純粹之氣相通，則此物

〔註55〕《船山全書》第1冊《周易外傳・繫辭下傳第六章》，頁1054。
〔註56〕《船山全書》第1冊《周易內傳・繫辭上傳第一章》，頁508～509。
〔註57〕《船山全書》第12冊《張子正蒙注・大易篇》，頁276、282。
〔註58〕《船山全書》第12冊《張子正蒙注・參兩篇》，頁54。

與天相通，必如日月一樣亙古不變〔註59〕，這是因爲能得陰陽之精之均一之故。然而若是已落形質之物，則不能長久。船山曰：

> 故萬象萬物雖不得太和之妙，而必兼有陰陽以相宰制。形狀詭異，性情區分，不能一也。不能一則不能久。〔註60〕

落於形質之物雖也能得陰陽之揉合，但因已有隱顯、德撰之不齊，性情已分，相兼相制，陰陽之精已不能相互容保而得其純粹，因此一般萬物成壞無常，不能和日月一樣萬古不變。

船山晚年觀念改變，以陰陽爲二氣，不再於陰陽二氣之上建立一更高的「太極」或「道」，實與其歸宗橫渠有決定性的關係。而船山之所以獨契橫渠，則又和其始終破斥二氏陸王之學相關聯。船山之所以提升「氣」的地位，以陰陽二氣爲宇宙生化之始，打落宋代理學思想中「理」的地位，其目的是針對二氏之言「空」、「無」。船山不願多談形上而空泛的「理體」，寧願將宇宙動化之能直接歸之於陰陽二氣，絕對與其深懲於明代王學末流之空疏有關。討論船山「陰陽二氣」的思想，必須扣緊其時代背景，才能有更深一層的理解。

第四節　船山論「神」、「義」與「誠」

> 船山由「太虛」至「神」在觀念上的演化——船山論「神」涵實體義，非虛說之詞——「神」並無高於二氣的指導義——船山論鬼神——鬼神施受之性在於魂魄——陰陽有實之謂誠——義爲盡性存神的實際工夫——陰陽健順必然之則宜吾心者謂之義——精義乃爲入神，入神則須捨義——精義在於因時——精義工夫在於熟，熟則大化而入神——誠爲神之體——性與天道合一在於誠

船山的「太虛」觀念指一氣絪縕未化，爲構成宇宙間一切形器的「體質」。然船山的「太虛」不僅止於「體質」義，也涵有代表形上存在的本體義。「太虛」既是一氣未化的絪縕狀態，有生化聚散不測之義，此即所謂「神」。船山言「神」，由其「太虛」的觀念演進而來。然船山此一觀念也是承繼橫渠而來。橫渠曰：

> 太虛爲清，清則無礙，無礙故神；反清爲濁，濁則礙，礙則形。〔註61〕

〔註59〕　《張子正蒙注·參兩篇》曰：「互藏之精相得不舍，則其相生也不窮，固與太虛之太和通理。天不變，故日月亦不變」（頁54）。

〔註60〕　《船山全書》第12冊《張子正蒙注·參兩篇》，頁55。

〔註61〕　《正蒙·太和篇第一》《張載集》（臺北：里仁書局，1981年12月，頁9）。

船山之注曰：

> 氣之未聚於太虛，希微而不可見，故清；清則有形有象皆可入於中，而抑可入于形象之中，不行而至，神也。反者，屈伸聚散相對之謂，氣聚於太虛之中則重而濁，物不能入，不能入物，拘礙於一而不相通，形之凝滯然也。〔註62〕

所謂「清」指氣之未形，故能生化不測而不滯礙於形器，此之謂「神」。然明道、朱子的解釋與橫渠不同。明道曾駁斥橫渠曰：

> 氣外無神，神外無氣。或者謂清者神，則濁者非神乎？〔註63〕

朱子亦云：

> 無極是該貫虛實清濁而言，無極字落在中間，太虛字落在一邊了，便是難說。聖人熟了說出來便恁地平正，而今把意思去形容他，卻有時偏了。明道說：氣外無神，神外無氣，謂清者爲神，則濁者非神乎？後來亦有人與橫渠說，橫渠卻云：清者可以該濁，虛者可以該實。卻不知形而上者還他是理，形而下者還他是氣。既說是虛，便是與實對了；既說是清，便是與濁對了。〔註64〕

明道以「清」與「濁」對，故有「濁者何獨非神？」之疑。而橫渠、船山之意則是：氣未化時之清通體現「神」義，而「清」、「濁」相即互入，只是一爲「本體」，一爲「客形」而已。只是聚而爲形器之後，則有滯礙，不能表現清通無礙之「神」。故指「清」者爲神，並非表示「濁」者即外於神。朱子以理氣分屬形上形下，因此形上者必不能以清濁相對而言，既有清濁相對，則是形下之氣，不可與論形上之理。氣之清者也只能是氣，不能通於「神」義〔註65〕。

其實從「太虛」到「神」，橫渠有一句話說得好：

> 凡氣清則通，昏則壅，清極則神。〔註66〕

「清極則神」正是由「太虛」到「神」觀念演進的關鍵。而船山注〈神化篇〉時有兩處文字論及此一觀念：

〔註62〕 《船山全書》第 12 冊《張子正蒙注・太和篇》，頁 31。
〔註63〕 《河南程氏遺書》卷 11〈明道先生語一〉，《二程集》第一冊，頁 121。
〔註64〕 《朱子語類》第 7 冊卷 99〈張子書二〉，頁 2533。
〔註65〕 這是因爲朱子嚴分形上形下的體用結構之故。朱子雖不同意橫渠「清極則神」的觀念，然卻極爲稱讚橫渠「鬼神爲二氣之良能」之說。朱子以「鬼神」爲形而下者，鬼神只是氣；然而若單言「神」字，則言其妙而不可測，不可全作形下之氣看，此是朱子論「神」與「鬼神」的不同處；因此朱子駁斥橫渠「清極則神」，卻大讚揚「鬼神者，二氣之良能」之說。
〔註66〕 《正蒙・太和篇第一》，頁 9。

　　　　蓋氣之未分而能變合者即神，自其合一不測而謂之神爾，非氣之外有
神也。〔註67〕

　　　　太虛不滯於形，故大明而秩序不紊。〔註68〕

船山以「氣之未分而能變合者即神」、「太虛不滯於形」來解釋橫渠「清極則神」之
義，正可看出橫渠、船山二人在這個觀念上的默契。

　　船山由「太虛」未形的周流不滯，引導出生化不測的「神」義，此「神」義並
非只是一藉以形容氣化不測之妙的虛說之詞而已。船山曰：

　　　　神之有其理，在天爲道，凝於人爲性。〔註69〕

　　　　誠不息，神無間。盡誠合神，純於至善，而德盛化神無不成矣。

　　　　若夫神也者，含仁義中正之理，而不倚於迹，爲道之所從生，不能以
一德名之。〔註70〕

「神者，含仁義中正之理，爲道之所從生」，可見船山「神」的觀念含有實體義。陰
陽二氣摩盪以生化宇宙之萬象，二氣本身固自涵有推盪生化之動能，然其生化萬物
的秩序義則由「神」來表現。宇宙的生化同時表現出「秩序性」與「無秩序性」，然
此二者涵容於一更廣義的「秩序」，稱之爲「神」，「神」一方面含有「不測」義，一
方面含有「前知」義。「不測」義表現宇宙生化的無秩序性，而「前知」義則表現出
宇宙生化的秩序性。船山既然不主張一更高的形上指導理體以統御二氣之生化，於
是發揮生化不測的「神」義，以取代朱子思想中「理」觀念的地位。

　　然船山言「神」和朱子言「理」又有不同：「神」是動態的，含有生化不測之義；
而朱子的「理」卻是靜態的，只存有而不活動的。且船山言「神」並無指導及限制
二氣推盪生化的意義，與朱子以理氣分形上形下，而以形上之理指導範圍形下之氣
者不同。「神」並沒有居二氣之上的指導義，而只有消極的顯示義。然而神既不離氣，
氣之動即是神，則神也涵有動能義，不僅止於顯示二氣動化的不測而已，此即所謂
「神」的實體義。故船山論「神」有時也以之做爲具有動能，能統御天地大化的主
體。船山曰：

　　　　天以神御氣而時行物生，人以神感物而移風易俗。神者，所以感物之
神而類應者也。〔註71〕

〔註67〕　《船山全書》第12冊《張子正蒙注‧神化篇》，頁82。
〔註68〕　《船山全書》第12冊《張子正蒙注‧神化篇》，頁77。
〔註69〕　《船山全書》第12冊《張子正蒙注‧太和篇》，頁42。
〔註70〕　《船山全書》第12冊《張子正蒙注‧天道篇》，頁70、74。
〔註71〕　《船山全書》第12冊《張子正蒙注‧神化篇》，頁78。

船山此處反以「神」爲能統御氣化的主體。然此處應是船山爲順應所注〈神化篇〉本文「天下之動，神鼓之也」的方便說而已；船山並未以「神」做爲高出陰陽二氣之上的指導者。然而船山所言之「神」具有實體義，非止於顯示義，則應無疑問。故船山有時在文字上也以「神」爲主動生化的「主體」，例如：

> 其聚其散，推盪之者，神爲之也。〔註72〕

其實陰陽二氣之生化不測即是「神」，因此將動之義屬之於「陰陽二氣」，或者屬之於「神」，事實上是一體兩面之事，故船山亦常兩言之也。

船山有時也兼言「鬼神」：

> 陰陽相感，聚而生人物者爲神。合於人物之身，用久則神隨形散，散而不足以存，復散而合於絪縕者爲鬼。神自幽而之明，成乎人之能，而固與天相通；鬼自明而返乎幽，然歷乎人之能，抑可與人相感。就其一幽一明者言之，則神陽也，鬼陰也；而神者陽伸而陰亦隨伸，鬼者陰屈而陽先屈，故皆爲二氣之良能。良能者，無心之感合，成其往來之妙者也。〔註73〕

「鬼神」即陰陽二氣推盪所成的屈伸聚散，二氣自然能動而成屈伸，故曰「良能」，所謂「無心之感」也。船山又曰：

> 二氣合而體物，一屈一伸，神鬼分焉。而同此氣則同此理。神非無自而彰，鬼非無所往而滅。故君子言往來，異於釋氏之言生滅。屈伸一指也，死生一物也。〔註74〕

陰陽二氣摩盪相糅以生形器人物，陰陽之時位變則物乃生變化，於是有屈伸、有鬼神。然神之起必依前之屈，而鬼之成必依前之神；且即屈之退以言神，即伸之消以言鬼，鬼神互依而相即。船山強調宇宙爲一氣之大化，只有屈伸往來而無生滅。萬化之變只是一氣之屈伸而已。故屈伸相推，幽之中有明之理，明之中即含幽之幾，鬼神也是如此。

鬼神既是一氣之屈伸，而屈伸即顯現「關係」，這「關係」稱之爲「感應」，故「感應」爲鬼神之要義。船山又曰：

> 魄麗於形，鬼之屬；魂營於氣，神之屬，此鬼神之在物者也。魄主受，魂主施，鬼神之性情也。物各爲一物，而神氣之往來於虛者，原通一於絪縕之氣。故施者不吝施，受者樂得其受。所以同聲相應，同氣相求，琥珀

〔註72〕《船山全書》第 12 冊《張子正蒙注‧大易篇》，頁 312。
〔註73〕《船山全書》第 12 冊《張子正蒙注‧太和篇》，頁 33～34。
〔註74〕《船山全書》第 12 冊《張子正蒙注‧神化篇》，頁 84。

拾芥，磁石引鐵，不知其所以然而感。聖人感人心而天下和平，亦惟其固
有可感之性也。〔註75〕

這是船山注解《正蒙・動物篇》「凡物能相感者，鬼神施受之性也」的注文。萬物之
所以能相感是因為有「魂」與「魄」，「魄」麗於形而顯現一物攻取之性。「魂」營於
氣而為可入萬物形器之游氣。此游氣之魂與太虛一實絪縕之氣相通，往來於形器之
虛而無所滯礙，故主感應之施；麗於形之「魄」則主感應之受。魂魄皆通於一實絪
縕之氣，故能起感應、施受而無所礙。船山將「感應」放在已落形質的物上來說。「魄」
主「形」，而「魂」主「氣」。形質因濁重之故，只能受而不能施；氣則清通無形，
故能施而不能受。因此所謂「感應」，是「形、魄」在天地一氣絪縕之下藉著清通的
「游魂」之施受所造成的相互攻取百塗的現象。

　　宇宙之間任何一形器，必有可以與之相感者，但是也並不是與任何一物都可相
感。故船山也只說：「同聲相應，同氣相求」，這是魄、魂之間有無相互施受之性的
問題。然縱使不相感應，也不外是一氣鬼神屈伸之所成。故人若能盡其誠以體天地
生化之神，則宇宙形器不能相感者也都可以納入鬼神生化之中。船山注〈動物篇〉
「不能感者，鬼神亦體之而化矣」之時曰：

　　　　成形成質有殊異而不相踰者，亦形氣偶然之偏戾爾。及其誠之已盡，
　　亦無不同歸之理。蓋其始也，皆一氣之伸，其終也，屈而歸於虛，不相悖
　　害，此鬼神合萬彙之往來於一致也。存神者與鬼神合其德，則舞干而苗格，
　　因壘而崇降，不已於誠，物無不體矣。〔註76〕

「誠」者，陰陽有實之謂。人能盡其誠，則與陰陽二氣實有的鬼神屈伸合一，人一
心之誠皆能體之。船山論氣化鬼神最後都歸結於「人」，人者，天地之心也。氣化之
神凝聚於人而為人之秉彝則為「性」，一氣神化之實則為「誠」。不論為「神」，為「性」
或為「誠」，都不離太虛一實之氣之生化。人既為宇宙之本，則宇宙大化最後終須結
穴於人。船山曰：

　　　　一噓一吸，一舒一斂，升降離合於太虛之中，乃陰陽必有之幾。則鬼
　　神者，天之所顯而即人之藏也。靜以成形，鬼之屬也，而可以迎神而來；
　　動而成用，神之屬也，而將成乎鬼以往。屈伸因乎時，而盡性以存神，則
　　天命立於在我，與鬼神合其吉凶矣！〔註77〕

船山所說的「鬼神者天之所顯，而即人之藏也」一語十分值得注意。「即人之藏」即

〔註75〕《船山全書》第 12 冊《張子正蒙注・動物篇》，頁 105。
〔註76〕《船山全書》第 12 冊《張子正蒙注・動物篇》，頁 106。
〔註77〕《船山全書》第 12 冊《張子正蒙注・太和篇》，頁 35。

是「性」，此一語道破「氣化之神凝於人則為性」的意義。「性」雖基本上就靜態而言，只是人之所以為人的本質，不是工夫的落實處；然「性」既是氣化之神之凝於人者，則也必然具有生生之能，此即是所謂「仁」。「仁」者必動發感應而加於事物之上，加於物則有宜有不宜，此即是所謂「義」。故「義」者乃是盡性、存神的實際工夫。船山又曰：

> 經，即所謂義也，事理之宜吾心，有自然之則，大經素正，則一念初起，其為善惡吉凶，判然分為兩途而無可疑，不待終日思索而可識矣！張子之言神化盡矣，要歸於一，而奉義為大正之經，以貫乎事物，則又至嚴而至簡。蓋義之所自立，即健順動止陰陽必然之則。正其義則協乎神之理，凝神專氣以守吾心之義，動存靜養一於此，則存神以順化，皆有實之可守。而知幾合神，化無不順，此《正蒙》要歸之旨，所以與往聖合轍，而非賢知之過也。〔註78〕

「健順動止陰陽必然之則而宜吾心者」謂之「義」。天地之生化有「理」而亦有「非理」，然不論「理」與「非理」，聖人知通大化，皆有以處其當而合其宜，導之正而使歸於神化之理，因此「義」是聖人裁成天地之道，輔相天地之宜的大經正道。宇宙天地之大化雖未必有主宰者，然感應卻有其必然的條理。學者即依此條理以知其幾，正其義，用久而熟，義精入神，而與天地同其化。至此則聖人乃知宇宙大化之感應而似無條理者，其實都涵攝在「感應的條理」之中，只是學者精義未熟，未能入神，故其知有所不及而已。故聖人以「義」為大經正道，由精義以入神，通於二氣屈伸之神化，而與天地合其德，鬼神合其吉凶。若能盡性存神，與宇宙大化為體，則萬物生化莫不有其條理，隨事處中而不滯凝，則無往而非大經正道之義，此船山所謂「純體陰陽之全德」，若能至此境界，則「知、義」已成自然之則，反皆可棄捨。張子曰：

> 德盛者，窮神則知不足道，知化則義不足云。〔註79〕

船山之注云：

> 「知」所以求窮乎神，「義」所以求善其化。知之盡，義之精，大明終始，無事審察，隨時處中而不立矩則，惟純體陰陽之全德，則可陰可陽，可陽而陰，可陰而陽。如春溫而不無涼雨，秋肅而不廢和風，不恃知知，不求合義矣。然使非全體天地陰陽之德，則棄知外義，以遯於空虛，洸洋自恣，又奚可哉！〔註80〕

〔註78〕《船山全書》第 12 冊《張子正蒙注・神化篇》，頁 93。
〔註79〕《正蒙・神化篇第四》，《張載集》頁 16。
〔註80〕《船山全書》第 12 冊《張子正蒙注・神化篇》，頁 80～81。

「義」是手段而非目的，精義是爲了入神，入「神」則可捨「義」。然而若尙未能入神，不能體全體陰陽之德，卻棄知而外義，則亦不可。船山此言，蓋針對二氏而發。

前文曾言：天地之化有「理」也有「非理」，並非都是可以宜吾心者。然聖人精義以入神，知明而處其當，而萬事萬物不論「理」與「非理」都可以使得其宜。故「義」的工夫乃在處物而得其宜，而處物得宜的關鍵則在「時」。橫渠曰：

> 動靜不失其時，義之極也。義極則光明著見，唯其時，物前定而不疚。
> 〔註81〕

船山曰：

> 惟其有氣乃運之而成化，理足於己，則隨時應物以利用，而物皆受化矣。非氣則物自生自死，不資於天，何云天化。非時則己之氣與物氣相忤，而施亦窮。乃所以爲「時」者，喜怒生殺，泰否損益，皆陰陽之氣一闔一闢之幾也。以陰交陽，以陽濟陰；以陰應陰，以陽應陽，以吾性之健順應固有之陰陽。則出處語默、刑賞治教，道運於心，自感通於天下，聖人化成天下，而樞機之要，唯善用其氣而已。〔註82〕

欲得其「時」，必須先「理足於己」，理足於己則能善應於陰陽之闔闢，此之謂「知幾」：

> 義精則與神同其動止，以神治物，冒天下之道，不待事至而幾先吉。
> 非立一義以待一事，期必之豫也。〔註83〕

而「知幾」之要，在吾心「善惡之兩端」：

> 事物既至，則不但引我以欲者多端，且可託於義者不一。初心之發，
> 善惡兩端而已，於此分析不苟，則義明而不爲非義所冒。〔註84〕

事物開始之時，人心初發，此時尙未有事理之雜，只有心的善惡兩端，因此處事得宜從義而精不在此時，唯判其善惡而已。能於此時分析不苟，去惡存善，則心念自然向義而發，待事理漸至，思慮漸明，於是能精義而入神。此爲上聖下狂的分水嶺，雖然不是處義之時，卻是精義之源。故「存神」在於「精義」，而精義則在於「知幾」。

然而精義入神也不是一朝一夕之事。孟子論養浩然之氣，也是「集義所生，非義襲而取之」。一事合義，不能入神，事事合義，漸積其氣，則至大至剛，塞於天地之間，工夫在「熟」而已，熟才能由「大」而「化」，由「化」而入「神」。

〔註81〕 《正蒙·至當篇第九》，《張載集》，頁37。
〔註82〕 《船山全書》第12冊《張子正蒙注·神化篇》，頁81。
〔註83〕 《船山全書》第12冊《張子正蒙注·神化篇》，頁95。
〔註84〕 《船山全書》第12冊《張子正蒙注·神化篇》，頁88～89。

「神」之所以能生化不測，是因為陰陽二氣之「實有」，此「實有」船山稱之為「誠」：

> 若夫神也者，含仁義中正之理而不倚於迹，為道之所從生，不能以一德名之。而成乎德者亦不著其象，不得已而謂之曰誠。誠以言其實有爾，非有一象可名之為誠也。〔註85〕

> 至誠體太虛至和之實理，與絪縕未分之道通一不二，是得天之所以為天也。其所存之神不行而至，與太虛妙應以生人物之良能一矣！〔註86〕

「誠」是「體太虛至和之實理，與絪縕未分之道通一不二」，船山此語說明「誠」即是宇宙天地氣化之「實有」。船山又言「其所存之神不行而至」，誠能存神，則「誠」可為「神」之體。船山在《正蒙注》中屢屢並言「誠」與「神」：

> 「神」非變幻不測之謂，實得其鼓動萬物之理也；「不貳」非固執其聞見之知，終始盡誠於己也。此至誠存神之實也。〔註87〕

> 其聚其散，推盪之者，神為之也。而其必信乎理者，誠也。〔註88〕

> 誠之不存，神去之矣。〔註89〕

船山之學之所以立基於太虛一氣之實有，之所以以「誠」論「神」，其基礎都在於「必信乎理」一語，船山以「理」說「誠」，其目的都是針對二氏、陸王之學而發。船山不喜空談心性，尤力斥所謂「空」、「無」。故其論太虛一實之氣、論二氣陰陽之摩盪、論神、論心性，皆不離「實有之誠」：

> 誠者，神之實體，氣之實用。在天為道，命於人為性。知其合之謂明，體其合之謂誠。〔註90〕

「誠」一方面是「神」之體，一方面又是「氣」之用。「誠」可以代表太虛至和之實理，也可以代表落在現象界中的人性。「神」字一般而言較偏形上層次，而「誠」則可通形上形下而言。而能通形上形下者在於一氣，故船山特別強調能「知」者不過是「明」而已，能「體」者才是「誠」。而道在天，性在人，天道似大而人性似小，然若能盡性存神，則「天道」之大也不能外於「人性」之小。故橫渠曰：「所謂誠明者，性與天道不見乎小大之別也」〔註91〕，船山注曰：

〔註85〕《船山全書》第12冊《張子正蒙注·天道篇》，頁74。
〔註86〕《船山全書》第12冊《張子正蒙注·太和篇》，頁34。
〔註87〕《船山全書》第12冊《張子正蒙注·天道篇》，頁70。
〔註88〕《船山全書》第12冊《張子正蒙注·大易篇》，頁312。
〔註89〕《船山全書》第12冊《張子正蒙注·可狀篇》，頁380。
〔註90〕《船山全書》第12冊《張子正蒙注·誠明篇》，頁114。
〔註91〕《正蒙·誠明篇第六》，《張載集》頁20。

通事物之理，聞見之知與所性合符，達所性之德與天合德，則物無小
大，一性中皆備之理。性雖在人而小，道雖在天而大，以人知天，體天於
人，則天在我而無小大之別矣。〔註92〕

能以人知天，能體天於人，性與天道之所以能合一者，以其皆以宇宙大化實有之「誠」
爲體。而所謂「無小大之別」，其意義代表船山終究是將「誠」落在「人」的身上，
這和船山思想最後歸宿落在「心之感應」上是息息相關的。

第五節　船山論「性」與「命」

理氣合凝而爲性──合虛與氣有性之名──船山不分天地之性與氣
質之性──船山論性嚴分「氣質之性」與「才」的不同──人的不善不在
「氣質之性」而在「才」──船山盛讚張子論性之功──程子之論「氣質
之性」與「才」──朱子論性與船山不同──盡性在於養才，養才在於矯
習──船山論命──命限於所遇之氣而爲私──命得其正則不害性之盡
──性命之理本無不正，不可逆命以反性──至於命者，亦能至人物之命

中國人論「性」不離氣化〔註93〕，船山也不例外。只是船山論「性」除了「氣」
之外，特重「太虛」之義，此一觀念從橫渠來。橫渠在《正蒙・太和篇》中有一
語對「性」下了明確的定義，頗值得注意。

合虛與氣有性之名。〔註94〕

船山之注曰：

太虛者，陰陽之藏，健順之德存焉；氣化者，一陰一陽，動靜之幾，
品彙之節具焉。秉太虛和氣健順相涵之實，而合五行之秀以成乎人之秉
彝，此人之所以有性也。原於天而順乎道，凝於形氣，而五常百行之理無
不可知，無不可能，於此言之則謂之性。〔註95〕

「太虛」與「氣」其實都不離一氣，太虛中含「和氣健順相涵之實」，爲「理」之所
自出，再配合「五行之秀」以凝於形氣，則成人之「性」。由此觀之，船山之論「性」，
究其實不外是「理」、「氣」之合凝。

未生則此理在太虛，爲天之體性；已生則此理聚於形中，爲人之性。

〔註92〕《船山全書》第 12 冊《張子正蒙注・誠明篇》，頁 113。
〔註93〕伊川、朱子二人例外。
〔註94〕《正蒙・太和篇第一》，《張載集》頁 9。
〔註95〕《船山全書》第 12 冊《張子正蒙注・太和篇》，頁 33。

　　　　天以其陰陽五行之氣生人，理即寓焉，而凝之爲性。〔註96〕
未生之時此「理」涵在「太虛」之中，已生之後此「理」凝聚於形質之中而爲人之
「性」。「太虛」顯然是被船山用來解釋「理」的根源，這當然是上文所提及的透過
「神」義的轉折。

　　船山理氣合凝而爲人之性，與朱子所言理氣二分不雜不離者，其內容意義有不
同。船山言「理」是從「太虛」的理體義透過「神」義轉化出來的。「太虛」原本就
有一氣絪縕之義，故雖由「太虛」開展出「理」的觀念，然此「理」卻不能解釋爲
靜存之理。船山的「理」、「氣」是渾合而爲一者，以太虛一實之氣爲首出，是以「氣」
顯「理」，「理」即氣之理，「理在氣中，氣無非理」〔註97〕。故船山論「性」有時
不言「理」，而直接以陰陽之氣凝於人者爲「性」。此因船山論「性」以太虛一實之
氣統之，「氣」即可概括「理」也。〔註98〕

　　由於船山論「性」始終不離氣，通形上形下一體而言之；故其論性不分「天地
之性」與「氣質之性」。朱子主張「性」只是理，所謂「氣質之性」者，只是性在氣
中。性無有不善，不善者乃在氣。因此基本上朱子並不承認「氣質之性」是性〔註99〕。
曰：「性即理也」，性只是理，只是性不得不寄在氣質之中，故稱之爲氣質之性而已。
船山則不然，其論性承繼橫渠「合虛與氣有性之名」之說，不只以理說性，更不能
離氣而言「性」。船山注〈誠明篇〉「性其總，合兩也」云：

　　　　天以其陰陽五行之氣生人，理即寓焉，而凝之爲性。故有聲色臭味以
　　厚其生，有仁義禮智以正其德，莫非理之所宜。聲色臭味，順其道則與仁
　　義禮智不相悖害，合兩者而互爲體也。

〔註96〕《船山全書》第 12 冊《張子正蒙注・誠明篇》，頁 120、121。
〔註97〕《正蒙・太和篇》語。
〔註98〕朱子雖然也說「理氣不離不雜」，然理氣究竟是二物。
〔註99〕朱子稱讚張子、程子提出「氣質之性」，只是因爲可以解釋自告子、揚雄以來以生爲
　　　　性之糾葛而已，朱子本人並不主張以氣質爲性，其曰：「氣質是陰陽五行所爲，性即
　　　　太極之全體。但論氣質之性，則此全體墮在氣質之中耳，非別有一性也」（《朱文公
　　　　文集》下冊卷 61〈答嚴時亨〉，臺灣商務印書館，1980 年 10 月，頁 1059）。朱子強
　　　　調論性須結合氣質而論，這是因爲其「理氣論」與「心性論」之間有矛盾之處：朱
　　　　子以理說性，以性只是理。然基本上「理」是靜態的，而「性」是動態的。以理說
　　　　性，則性必然不能動化，如此則心性論不能開展。故朱子必須結合氣質來說性：「須
　　　　是箇氣質，方說得箇性子。若人生而靜以上，只說得箇天道，下性字不得」（《朱子
　　　　語類》卷 95，頁 2431），這是因爲朱子一方面主張伊川「性即理也」之說，而一方
　　　　面又以明道「才說性時便已不是性」來補救之故。朱子以理論性，而船山則承橫渠
　　　　合「虛」與「氣」論性，性本已兼氣，故無所謂「論性不論氣不備，論氣不論性不
　　　　明」之顧慮。

極總之要者，知聲色臭味之則與仁義禮智之體合一於當然之理。當然而然，則正德非以傷生，而厚生者期於正德。〔註100〕

「仁義禮智」與「聲色臭味」相互爲體，皆一於當然之理。可知船山論「性」並不排斥耳目口體，形色也可以是天性。充分顯現船山合理氣以論「性」的思維。

船山論性既主「理氣合凝」，故其論「氣質之性」也與宋儒有異。船山曰：

氣質者，氣成質而質還生氣也，氣成質則氣凝滯而局於形，取資於物以滋其質。質生氣則同異攻取各從其類，故耳目口鼻之氣與聲色臭味相取，亦自然而不可拂違。此有形而始然，非太和絪縕之氣，健順之常所固有也。舊說以氣質之性爲昏明強柔不齊之品，與程子之說合。今按張子以昏明強柔得氣之偏者，繫之才而不繫之性。而此言氣質之性，蓋孟子所謂口耳目鼻之於聲色臭味者爾。蓋性者，生之理也。均是人也，則此與生俱有之理未嘗或異；故仁義禮智之理，下愚所不能滅，而聲色臭味之欲，上智所不能廢，俱可謂之爲性。而或受於形而上，或受於形而下。在天以其至仁滋人之生，成人之善，初無二理，但形而上者爲形之所自生，則動以清而事近乎天；形而後有者資形起用，則靜以濁而事近乎地。形而上者，亘生死通晝夜而常伸，事近乎神；形而後有者，困於形而固將竭，事近乎鬼。則一屈一伸之際，理與欲皆自然而非由人爲。故告子謂食色爲性，亦不可謂爲非性，而特不知有天命之良能爾。〔註101〕

氣質之性者乃「氣」與「質」之間攻取自然之性，氣生質而質還生氣。耳目口體之與聲色臭味乃「自然而不可拂違」者，與「仁義禮智」同樣都是「性」。這種以「氣質」論「性」的觀念，又是船山「合理、氣爲性」觀念的發揮。

船山論「性」之時十分強調「氣質之性」與「才」的分別，而即以此一分別來論性的善與惡：

昏明、強柔、敏鈍、靜躁，因氣之剛柔緩急而分，於是而智愚賢不肖若自性成。故荀悅、韓愈有三品之說，其實才也，非性也。性者氣順理而生人，自未有形而有形，成乎其人，則固無惡而一於善，陰陽健順之德本善也。才者形成於一時升降之氣，則耳目口體不能如一，而聰明幹力因之而有通塞精粗之別，乃動靜闔闢偶然之機所成也。性藉才以成用，才有不善，遂累其性，而不知者遂咎性之惡，此古今言性者皆不知才、性各有從來，而以才爲性爾。商臣之蠭目豺聲，才也，象之傲而見舜則忸怩，性也；

〔註100〕《船山全書》第12冊《張子正蒙注·誠明篇》，頁121、122。
〔註101〕《船山全書》第12冊《張子正蒙注·誠明篇》，頁127～128。

舜能養象,楚頵不能養商臣爾。居移氣,養移體,氣體移則才化,若性則不待移者也。才之美者未必可以作聖;才之偏者不迷其性,雖不速合於聖,而固舜之徒矣。程子謂天命之性與氣質之性為二,其所謂氣質之性,才也,非性也。張子以耳目口體之必資物而安者為氣質之性,合於孟子。而別剛柔緩急之殊質者為才,性之為性乃獨立而不為人所亂。蓋命於天之謂性,成於人之謂才;靜而無為之謂性,動而有為之謂才,性不易見而才則著。是以言性者但言其才而性隱,張子辨性之功大矣哉![註102]

上引注文是船山對伊川「性無不善,而有不善者才也」的討論。船山之意:「氣質之性」指耳目口體之於聲色臭味,此是人與生俱來的生命氣動,即告子所謂「生之謂性」。而「才」則是人昏明強柔、緩急賢不肖的差異,是陰陽升降之氣偶有通塞精粗而成者,不能一於「當然之理」,於是有不善。故不善者在「才」,而不在「氣質之性」。船山認為太虛一氣摩盪而生人物,氣、質相攻取而有氣質之性,氣質是一氣大化之自然。既出於自然,則自不能是惡。[註103]

船山盛讚橫渠辨性之功,認為其與伊川不同。伊川所謂「氣質之性」其實是指上智下愚之「才」,即船山所謂的「昏明彊柔」。伊川曰:

「性相近也,習相遠也」,性一也,何以言相近?曰:此只是言氣質之性,如俗言性急性緩之類。性安有緩急,此言性者,生之謂性也。又問:「上智下愚不移」是性否?曰:此是才,須理會得性與才所以分處。[註104]

「生之謂性」與「天命之謂性」同乎?性字不可一概論。「生之謂性」,止訓所稟受也。「天命之謂性」,此言性之理也。今人言天性柔緩,天性剛急,俗言天成,皆生來如此,此訓所稟受也;若性之理也,則無不善,曰天者,自然之理也。[註105]

朱子也曾說伊川論「才」指「稟於氣者言之」,與孟子不同:

愚按:程子此說才字,與孟子本文小異。蓋孟子專指其發於性者言之,故以為才無不善,程子專指其稟於氣者言之,則人之才固有昏明強弱之不同矣。張子所謂氣質之性是也。[註106]

[註102]《船山全書》第12冊《張子正蒙注・誠明篇》,頁129~130。
[註103]《孟子・盡心上》曰:「形色,天性也,唯聖人然後可以踐形」,船山此論與孟子相通。
[註104]《河南程氏遺書》卷18〈伊川先生語四〉,《二程集》一,頁207。
[註105]《河南程氏遺書》卷24〈伊川先生語十〉,《二程集》一,頁313。
[註106]見朱子《孟子集註》〈告子篇〉「乃若其情,則可以為善;若夫為不善,非才之罪也」

朱子能知程子說「才」與孟子不同，然並未如船山嚴分「氣質之性」與「才」的不同。朱子論性以「天地之性」爲主，「氣質之性」只是「天地之性墜於氣質之中」，然不礙其爲二：

> 論天地之性，則專指理言；論氣質之性，則以理與氣雜而言之。未有此氣，已有此性；氣有不存，而性卻常在。雖其方在氣中，然氣自是氣，性自是性，亦不相夾雜。〔註107〕

朱子論性既以「性即理也」爲前提，則主張「氣質之性非性」其實是很自然的推論。朱子論「氣質之性」以「氣質」或「氣稟」渾言之，並未如船山嚴分「剛柔緩急之才」與「聲色臭味之氣質」的分別。這是因爲朱子以形上形下分理氣爲二，故認爲氣質非性，而可以爲不善。朱子認爲：人性的「剛柔緩急」與「耳目口體」必資物以生者都屬於「氣稟」，沒有加以分別的必要。然而船山論性則依張子「合虛與氣有性之名」而來，「性」不僅是「理」，也兼「氣化」。而人的「形質口體」及「仁義禮智」都可謂之「性」，都是太虛一氣生化不測之「神」所成者，皆一於當然之理，故不能指其爲不善。因此「不善」只能歸之於剛柔昏明偶有不齊之「才」。由此觀之，船山嚴分「氣質之性」與「才」的不同，實與其「論性兼虛與氣」而言的主張有關。

不善者既在「才」而不在「氣質」，則養之而使臻於善，其樞紐也必須落在「才」之上，故船山主張「養才」。

> 氣本參和，雖因形而發，有偏而不善，而養之以反其本，則即此一曲之才，盡其性而與天合矣。養之則性現而才爲用，不養則性隱而惟以才爲性，性終不能復也。〔註108〕

「性」之復固由於「才」之養，而養才則在於「習」，船山因兼氣化而言性，使其心性論含有濃厚不斷進化的主動論意味。「才」隨「習」而易，蓋習能積氣，氣積則質變，質變則才成，故「習日成才亦日生」。船山曰：

> 蓋才與習相狎，則性不可得而見。習之所以溺人者，皆乘其才之相近而遂相得。故矯習以復性者，必矯其才之所利。不然，陷於一曲之知能，雖善而隘，不但人欲之局促也。〔註109〕

朱子按語。事實上，橫渠並未如船山嚴分「氣質之性」與「才」（參以下第三章）。故此處朱子以程子所言昏明強柔稟於氣者之「才」即張子所謂「氣質之性」，其實也不能說是錯的。

〔註107〕《朱子語類》第1冊卷4〈性理一〉，頁67。
〔註108〕《船山全書》第12冊《張子正蒙注・誠明篇》，頁130。
〔註109〕《船山全書》第12冊《張子正蒙注・中正篇》，頁163。

船山又曰：

> 仁義禮智之體具於性，而其爲用必資於才以爲小大偏全。唯存神盡
> 性，以至於命，則命自我立。才可擴充以副其性，天之降才不足以限之。
> 故君子於此，以性爲主，而不爲命之所限。〔註110〕

「才」屬命，然才之小大偏全並無損於性，「才」可以日生日成以副其「性」。才若
不養，則雖美亦未必可以作聖；若能養之，則才之偏者亦可進於性之全。船山主張
學者當專於養性盡性，勿恃才之有餘，亦不可諉才之不足也。

養才可以副性，而才亦屬於「命」，故船山進而論「命」。船山論「命」大都指
「氣命」而言。性既是合虛與氣而成，氣凝而落於形質，則必有所限。故形質必不
能如「性」之爲無礙與普遍，此即是「命」。「命」是「性」透過形質而表現者，透
過形質表現出的規則也必然是受限制的。故張子曰：「性其總，合兩也；命其受，有
則也」，船山之注曰：

> 厚生之用有盈有詘，吉凶生死因之。此時位之不齊，人各因所遇之氣
> 而受之。百年之內，七尺之形，所受者止此，有則而不能過。〔註111〕

「人各因所遇之氣而受之」、「有則而不能過」充分顯示了船山將「命」定於氣化盈
屈的觀念。「命」雖各有所受而不齊，而「性」則遍萬物而爲公，因爲「性」是「天
理之自然爲太和之氣所體物不遺者」〔註112〕，雖已凝於人，然有普遍、無限之義；
而「命」則受於一身而爲私。故船山曰：

> 人各有形，形以內爲吾氣之區宇，形以外吾之氣不至焉，故可立內外
> 之名。性命乎神，天地萬物函之於虛靈而皆備。仁可以無不達，義可以無
> 不行。氣域於形，吉凶禍福止乎其身爾。然則命者私也，性者公也。性本
> 無蔽，而命之戕性，惟不知其通極於性也。〔註113〕

仁義可以推己及人，因「性」非一己之私，而「命」通極於「性」，故命於人者固然
有否泰窮通、吉凶壽夭，但若能安之使合於理之正，則此受命之則亦無往而非天則。
船山曰：

> 萬類靈頑之不齊，氣運否泰之相乘，天之神化廣大，不能擇其善者而
> 已其不善者。故君子或窮，小人或泰，各因其時而受之。然其所受之中，
> 自有使人各得其正之理，則生理之良能自感於倫物而必動，性貫乎所受不

〔註110〕《船山全書》第 12 冊《張子正蒙注·作者篇》，頁 227。
〔註111〕《船山全書》第 12 冊《張子正蒙注·誠明篇》，頁 121。
〔註112〕《張子正蒙注·誠明篇》語，頁 124。
〔註113〕《船山全書》第 12 冊《張子正蒙注·誠明篇》，頁 119。

齊之中而皆可盡。此君子之所以有事於性，無事於命也。〔註114〕

「君子有事於性，無事於命」，船山將工夫用在「性」上，不用在「命」上，只因性為公，命為私；但是在生命的因應上，船山則主張人當「順性、命之理」，不可逆「命」以反「性」。在「理」上必無者，雖然在「事」上或有，也不可為。順命而凶者，終究為吉；逆命得吉者，終為險道，決不可「以屈伸之數，幸事之或有，而不恤理之本無也」〔註115〕。

船山之所以認為「性命之理本無不正者」，是因為性、命都不外是太虛一實之氣神化不測所生成。縱有非理者，也是出於二氣之推盪，既然都可納於太虛一氣之神，故「命」亦何嘗不出於天。船山又曰：

> 己無不誠，則循物無違而與天同化，以人治人，以物治物，各順其受命之正。雖不能知者皆可使由，萬物之命自我立矣。所以然者，我與人物莫不性諸道命諸天，無異理也。〔註116〕

這是船山注解橫渠《正蒙・誠明篇》「盡其性，能盡人物之性；至於命者，亦能至人物之命。莫不性諸道，命諸天」的注文。船山將人人各不相同的「命」向上提升至以「天」、「道」為本的「性」之上。由於萬物莫不性諸道、命諸天，故聖人能「循物無違，與天同化」。所謂「至人物之命」並非與人物同其命，命本是不齊者，如何能同？此固聖人盡性存神，能順天理而處物，因人我無異理，故能使各得其命之宜而已。船山論「命」本自人人各不相同的「氣命」著手，而最後仍藉著「命諸天」將「命」提升至與「天」、「道」無異理的境界層次上，究其原因，是因為其思想不論形上與形下都不能離於太虛絪縕不息之一氣之故。

第六節　船山論「心知」與「志」

> 朱子以性為只是理，能感者在心——船山以「性感而生知」論心——形、神、物三和合而心生——船山論「見聞之知」與「德性之知」——執見聞之知以測心性之全謂之「成心」——能知心之所從來，則見聞之知可為獲心之助——由見聞之知循理反原可達德性之知——由象識心，徇象喪心——理可學而物不可學——船山論「意」與「志」——意者，執見聞之成心——志者，聖功之始，天德之極致——持志者乃盡心之過程——盡心

〔註114〕 《船山全書》第 12 冊《張子正蒙注・誠明篇》，頁 122。
〔註115〕 《張子正蒙注・誠明篇》語，頁 140。
〔註116〕 《船山全書》第 12 冊《張子正蒙注・誠明篇》，頁 125～126。

爲盡性之實功

朱子以「理」說性,「理」既是無計度,無造作,淨潔空闊的世界,則自然「性」是靜態的。《朱子語類》云:

> 問:橫渠謂所不能無感者謂性。性只是理,安能感?恐此言只可名心否?曰:橫渠此言雖未親切,然亦有箇模樣。蓋感固是心,然所以感者,亦是此心中有此理方能感,理便是性。但將此語要來解性,便未端的。〔註117〕

朱子理氣二分,故以能感者歸之於心。性只是理,只因心中具有此理,故能感。然能感者究竟是「心」不是「性」。而船山主張理氣不分,心、性皆不外太虛一實之氣的神化。「性」是合虛與氣而成者,因此船山之言「性」原本即是動態的,其注《正蒙・可狀篇》「感者性之神,性者感之體」之時曰:

> 健順,性也,動靜,感也。陰陽合於太和而相容,爲物不貳。然而陰陽已自成乎其體性,待感而後合以起用。天之生物,人之成能,非有陰陽之體,感無從生;非乘乎感以動靜,則體中槁而不能起無窮之體。體生神,神復立體,由神之復立體,說者遂謂初無陰陽,靜乃生陰,動乃生陽。是徒知感後之體,而不知性在動靜之先本有其體也。〔註118〕

「體生神,神復立體」是船山很值得注意的一個觀念,因爲有「體」故能「感」,感之前本有體,感之後又能起無窮之體。船山此處所謂「體」其實就是基於氣化所凝聚於人之「性」,性不能無感。感則生「知」,而船山即以之說「心」。船山注橫渠《正蒙・太和篇》「合性與知覺有心之名」之時曰:

> 人之有性,函之於心,而感物以通,象著而數陳,名立而義起,習其故而心喻之。形也、神也、物也,三相遇而知覺乃發。故由性生知,以知知性,、交涵於聚而有間之中,統於一心,由此言之則謂之心。〔註119〕

船山曰「形也,神也,物也,三相遇而知覺乃發」、「性生知以知」,又曰「知、性交涵於聚而有間之中,統於一心」。由此三處文字看來,形、神、物三者形成「知覺」,其中形、神二者構成「性」,「物」指性所感的外境。而「性」與「知」交涵於時空之中則謂之「心」。因此「性之感」之外現者即是「心之知」。

船山又分「見聞之知」與「德性之知」。見聞之知必依外在對象才能生起,也須

〔註117〕《朱子語類》第 7 冊卷 99〈張子書二〉,頁 2536。
〔註118〕《船山全書》第 12 冊《張子正蒙注・可狀篇》,頁 366。
〔註119〕《船山全書》第 12 冊《張子正蒙注・太和篇》,頁 33。

要有「神」，僅是「形」、「物」相合不能成就見聞之知：

> 耳與聲合，目與色合，皆心所翕闢之牖也。合故相知，乃其所以合之故，則豈耳目聲色之力哉？故與薪過前，群言雜至，而非意所屬，則見如不見，聞如不聞。其非耳目之受而即合明矣。〔註120〕

若無「意」則視而不見，聽而不聞，此處所謂「意」即是「神」；故船山言必形、神、物三相遇，心之知覺乃發。然見聞之知雖也是神的發用，究竟只是外在事物的分理而已。船山認為外在事物之理互不相知，亦不相為一〔註121〕。故人依感官作用認識外物時，雖依心所具之理而認知，然其理只限於一物一事，不能貫通於萬物大始之理。執一事一物之聞見以妄測心性之大全，則謂之「成心」。船山曰：

> 成心者，非果一定之理，不可奪之志也。乍然見聞所得，未必非道之一曲，而不能通其感於萬變。徇同毀異，強異求同，成乎己私；違大公之理，恃之而不忘，則執一善以守之，終身不復進矣！〔註122〕

見聞之知是道之一曲，然見聞之知之所以易流為「成心」者，以其不能知「心」之所從來也。船山曰：

> 心所從來者，目得之以為明，雷霆得之以為聲。太虛絪縕之氣，升降之幾也。於人則誠有其性即誠有其理。自誠有之而自喻之，故靈明發焉。耳目見聞皆其所發之一曲，而函其全於心以為四應之真知。知此則見聞不足以累其心，而適為獲心之助，廣大不測之神化無不達矣，此盡性知天之要也。〔註123〕

船山主張「心」之所從來在「誠有其性理」，「見聞之知」雖然是「性」所發之一曲，然不能盡心之大全。若能知心所從來之「性理」，則見聞之知不但不足以累其心，反而可以為盡心之助。因此若不能通於「心之性理」，而空以見聞之知測「心」之大全，則必流於「成心」，而為盡心之障礙。

船山又主張：事物雖分殊在外，不相知亦不相為一，然事物之理涵於吾心者則「全」。因此「心」雖然也能應外物之見聞而起分理之殊，如見羊而知其為羊，見樹

〔註120〕《船山全書》第12冊《張子正蒙注・大心篇》，頁146。此即唯識學所謂前五識雖起，第六識未俱起時之現象。
〔註121〕船山《周易外傳》言：「萬彙各有其善，不相為知，而亦不相為一。」（卷五，繫上五章，《船山全書》第1冊，頁1006），《讀四書大全說》亦云：「一本萬殊，而萬殊不可復歸於一。」（卷七，《論語・陽貨篇一》，《船山全書》第6冊，頁862）。
〔註122〕《船山全書》第12冊《張子正蒙注・大心篇》，頁149～150。
〔註123〕《船山全書》第12冊《張子正蒙注・大心篇》，頁147。

而知其為樹；然而同時也能統攝萬物「統合之理」〔註124〕。船山之學歸結於人，因此雖不承認外在事物可通而為一，然其理之具於人之心者則不二。人之心可以是「分理」與「至理」的合一者。船山此論見於《思問錄內篇》，其曰：

> 知見之所自生非固有，非固有而自生者，日新之命也。原知見之自生，資于見聞。見聞之所得，因天地之所昭著，與人心之所先得。人心之所先得，自聖人以至於夫婦，皆氣化之良能也，能合古今人物為一體者。知見之所得皆天理之來復，而非外至矣！〔註125〕

所謂「人心之所先得」指「理」內具於「心」而本自足，自聖人以至於夫婦，皆氣化之良能，為「天理之來復」。而見聞之知則局限於某一特定的外在事物，無反原之能，故不能有盡心知性之功。然「心」既能函萬理之全，船山認為：只要能循其一曲之理而反其原，也可以達於德性之知。如此則見聞之知不但不為性累，反為獲致德性之知之啟鑰。船山曰：

> 內者心之神，外者物之法象。法象非神不立，神非法象不顯。多聞而擇，多見而識，乃以啟發其心思而會歸於一。又非徒恃存神而置格物窮理之學也。〔註126〕

可知見聞之知與德性之知，其差別只在於是否能「反其原」而已。船山主張：外物有象，而吾心有理，以象證心而得吾心之理則可；若反執象以求心，則見聞之知乃為性之累，而德性之知也將隱沒。故船山注《正蒙·大心篇》「由象識心，徇象喪心，知象者心，存象之心，亦象而已，謂之心可乎？」時，即藉以發揮其義，其曰：

> 物之有象，理即在焉。心有其理，取象而證之，無不通矣。若心所不喻，一由於象而以之識心，則徇象之一曲而喪心之大全矣。故乍見孺子入井，可識惻隱之心，然必察識此心所從生之實而後仁可喻。若但據此以自信，則象在而顯，象去而隱。且有如齊王全牛之心，反求而不得者矣。
>
> 知象者本心也，非識心者象也。存象於心而據之為知，則其知者象而已。象化其心，而心唯有象，不可謂此為吾心之知也明矣。聞見所得者象也，知其器，知其數，知其名爾。若吾心所以制之之義，豈彼之所能昭著乎？〔註127〕

〔註124〕 這種「統合之理」的觀念在中國思想史上始於魏晉時代的王弼，王弼首先提出「物無妄然，必由其理；統之有宗，會之有元」的「通理」觀念。在此之前中國人的「理」觀念大都是指分殊之理。
〔註125〕 《船山全書》第12冊《思問錄內篇》，頁420。
〔註126〕 《船山全書》第12冊《張子正蒙注·大心篇》，頁147。
〔註127〕 《船山全書》第12冊《張子正蒙注·大心篇》，頁145。

「見聞之知」依固定之象而起，必依外在條件而生，不能通其感於萬變，因此若徇見聞則「成心」起而害性；「德性之知」爲吾心之全理，故可「經通萬變，而隨時得中」。船山主張不可徇見聞之象而求心理之大全，只能藉象以證心。因此船山認爲「理可學而物不可學」：

> 天下之思而可得，學而可知者，理也；思而不能得，學而不能知者，物也。今夫名利則有涯矣，數則有量矣，乃若其實，則皆有類焉，類之中又有類焉。博而極之，盡巧曆之終身而不能悉舉。大木之葉，其數億萬，求一相肖而無毫髮之差者無有也，而名惡足以限之？必有變焉，變之餘，又有變焉，流而覽之，一日夜之間而不知其故。晴雨之候，二端而止，擬一必然而無意外之差者無有也，而數惡足以期之？〔註128〕

船山的知識論完全以「人」爲中心。船山並不主張窮究萬事萬物，故其以「理」爲可思可學，而以「物」爲不可思不可學。理在內，物在外，以「理」可以御物，以「物」不可測「理」，船山之所以始終反對邵雍象數之說，其立論即在於此。由此更可知船山一切歸之於「人心」的思想傾向。

船山一再強調見聞之知不可執以測心，而應以見聞之知證心理之大全而反其原，使通於天地萬物大始之理。前者即所謂「意」，後者即所謂「志」。船山曰：

> 意者，心所偶發，執之則爲成心矣。聖人無意，不以意爲成心之謂也。蓋在道爲經，在心爲志。志者始於志學而終於從心之矩，一定而不可易者，可成者也；意則因感而生，因見聞而執同異攻取，不可恒而習之爲恒，不可成者也。故曰學者當知志、意之分。〔註129〕

> 意者，人心偶動之機，類因見聞所觸，非天理自然之誠，故不足以盡善。而意不能恒，則爲善爲惡，皆未可保。故志於仁者，聖功之始；有意爲善者，非辟之原。志大而虛含眾理，意小而滯於一隅也。〔註130〕

意者，人心偶動之機，即所謂見聞之知，既徇一事物，則必有同異攻取之執。故船山以爲「意」不能恒，故爲善爲惡皆未可保。意之所以不能恒，則是因爲依見聞徇外物而滯於一隅。故孔子絕四：意、必、固、我，而此四者又以「意」爲主，船山曰：

> 意、必、固、我，以意爲根，必、固、我者皆其意也，無意而後三者

〔註128〕《船山全書》第 10 冊《讀通鑑論》卷 12。
〔註129〕《船山全書》第 12 冊《張子正蒙注・大心篇》，頁 150。
〔註130〕《船山全書》第 12 冊《張子正蒙注・中正篇》，頁 167。首句「意者，人心偶動之機」《船山全書》本「意」作「善」，疑爲誤植，今據《船山遺書全集》本。

　　可絕也。初學之始，正義而不謀利，明道而不計功。及其至也，義精仁熟，
　　當爲而爲，與時偕行，而所過者化矣。聖功之始基，即天德之極致，下學
　　上達，一於此也。〔註131〕

必、固、我皆不外執見聞於一隅而發者，其源皆在於「意」。而「志」則爲德性之知，
雖然也是依見聞而起，然能不執著於見聞而反求吾心之原，由於不依外在特定的見
聞，因此能得天下之公是。而「持志」的過程即是下學上達的過程，故船山稱其始
於「志學」而終於「從心之矩」與「天德之極致」。而此所謂「從心之矩」、「天德之
極致」即是船山所謂的「德性之知」。德性之知與天地萬物所從出之理合，而知其大
始。德性之知成，則萬物與我同源，而皆待我以成。故能從心所欲而不踰矩。而「志」
乃能「與時偕行，所過者化」。船山曰：

　　志立則學思從之，故才日益而聰明盛，成乎富有。志之篤，則氣從其
　　志以不倦而日新。蓋言學者德業之始終，一以志爲大小久暫之區量。故大
　　學教人，必以知止爲始。孔子之聖，唯志學之異於人也。天載物，則神化
　　感通之事，下學雖所不逮，而志必至焉。不可泥於近小，以茶其氣而棄其
　　才也。〔註132〕

所謂「泥於近小，以茶其氣而棄其才」即是所謂「徇見聞之小」。前文曾言船山知識
論的目的在求德性之知的開發，也就是心爲萬理大全之朗現，其實現過程則繫於
「志」。雖然「志」含有「過程義」，而「德性之知」則是「終極義」，然而都代表船
山論「心」的正面意義。

　　船山論德性之知，以由見聞之知窮理反原爲始，去「偶知之意」，而持「可恒之
志」。而「志」所表現的過程即是船山所謂的「盡心」。盡心者，由見聞之知循理反
原，以漸得其心理大全之一之過程也，心理之盡即是德性之知之呈現，船山即稱之
爲「盡性」，船山曰：

　　盡性者，極吾心虛靈不昧之良能，舉而與天地萬物所從出之理合，而
　　知其大始。則天下之物與我同源，而待我以應而成。〔註133〕

船山主張，「性」乃先存者，在聖不增，在凡不減。且性乃合虛與氣而成，是一氣神
化之凝於人者。故在船山的觀念中，「性」即是一「感體」，其本身即具感應之能，
不須待任何外緣之助，且無物不能應者。然性雖不待緣而起感，其感則仍須有一對
象，故有形、物之起。而感則必具理，無物不感，則無物不有理，由「性」發「感」

〔註131〕《船山全書》第 12 冊《張子正蒙注・中正篇》，頁 167。
〔註132〕《船山全書》第 12 冊《張子正蒙注・至當篇》，頁 210。
〔註133〕《船山全書》第 12 冊《張子正蒙注・大心篇》，頁 144。

以及於事物而生萬理，船山即謂之「心」。故「性」不待緣，而「心」則須依條件才能生起。心既具理且皆根於性，故「心」能與萬物同源，而皆有「知明處當」的能力。然而事實上人之心卻常未必眞能如此，船山以爲這是「心」蔽於見聞意欲之小之故。船山曰：

天下之物相感而可通者，吾心皆有其理，唯意欲蔽之則小爾。〔註134〕

「心」依於「性」而具萬理，本無不明者，然蔽於一事一物之見聞，而吾心理之一且大者乃不能顯。故必由其法象反推其神化，乃能達之於萬物一源之本。此因心之知覺作用須待緣而起，所以能爲工夫的著力處。而「性」不待緣而起，只有隱顯而無生滅，非工夫所能移易。工夫在「心」而不在「性」，此船山所以以「盡心」爲「盡性」之實功也。

〔註134〕《船山全書》第 12 冊《張子正蒙注・大心篇》，頁 143。

第四章　船山《正蒙注》與橫渠思想之異同

第一節　船山與橫渠思想的同質性

引言——船山與橫渠皆落實於「氣質」論性——船山與橫渠皆欲於傳統儒學中尋求可資對抗二氏的解釋——以自涵動靜性能之氣為首出乃船山與橫渠相契的最大關鍵。

船山於晚年極力表彰張子，為《正蒙》作注，並在自作墓銘中表示其對橫渠「正學」的企慕。可知橫渠為船山晚年思想的依據。船山於《正蒙注・序論》云：

> 嗚呼！張子之學，上承孔孟之志，下救來茲之失，如皎日麗天，無幽不燭。聖人復起，未有能易焉者也。
>
> 張子之學，無非易也。即無非詩之志、書之事、禮之節、樂之和、春秋之大法也，論孟之要歸也。〔註1〕

船山以張子上通先秦孔孟，其學歸之於《易》。然則船山晚年表現於《正蒙注》的思想是否與橫渠完全吻合？何以獨契張子？二者之異同又如何？凡此問題，當於本章論述之。

上文提及，船山思想前後並不一致。從早年的《周易外傳》，歷《讀四書大全說》，以迄《周易內傳》、《正蒙注》，其思想屢有變更。然船山思想的變動有一規則可尋，即是由宋代程朱而逐漸回復至先秦。船山一生大致上都尊奉朱子，然其尊奉朱子，並不表示其思想都同於朱子。其實船山只是藉朱子以闢二氏之學。事實上兩人在「宇宙論」及「知識論」方面自始即有很大的差異。朱子主張理氣二分，理氣不雜亦不

〔註1〕《船山全書》第12冊〈張子正蒙注・序論〉，頁11、12。

離；而船山自始即主張「理氣合一」，《周易外傳》云：

　　《易》固曰：「一陰一陽之謂道」。一之一之云者，蓋以言夫主持而分劑之也。

　　陰陽之生，一太極之動靜也。動者靈以生明，以晰天下而不塞；靜者保而處重，以凝天下而不浮。則其爲實，既可爲道之體矣。

　　其一之一之者，即與爲體，挾與流行，而持之以不過者也。

　　是故於陰而道在，於陽而道在，於陰陽之乘時而道在，於陰陽之定位而道在，天方命人，和而無差以爲善而道在，人已承天，隨器不虧而道在，持之者固無在而不主之也。一之一之而與共焉，即行其中而即爲之主。道不行而陰陽廢，陰陽不具而道亦亡，言道者亦要於是而已。〔註2〕

船山因主「道氣合一」，故其論「性」必合「氣」而言，不似朱子只以「理」說性。故船山解釋《易傳》「一陰一陽之謂道，繼之者善也，成之者性也」之時，皆主張陰陽之動化繼則成善，而此一陰一陽動化之善凝於人者即謂之「性」。故船山合「氣質」而論「性」，終其一生此一觀念都不曾改變。上述《周易外傳》時固是如此，其後著《尚書引義》，乃至四十七歲作《讀四書大全說》，雖在「氣質之性」和「不善之由來」的觀念上略有差異，然始終主張「性不能離氣質而言」。船山在《尚書引義》中曰：

　　夫天之生物，其化不息，初生之頃，非無所命也。何以知其有所命？無所命則仁義禮智無其根也。幼而少，少而壯，壯而老，亦非無所命也。何以知其有所命？不更有所命，則年逝而性亦忘也。「形化」者，化醇也；「氣化」者，化生也。二氣之運，五行之實，始以爲胎孕，後以爲長養，取精用物，一受於天產地產之精英，無以異也。形日以養，氣日以滋，理日以成；方生而受之，一日生而一日受之。受之者有所自授，豈非天哉！故天日命於人，而人日受命於天。故曰：「性者生也，日生而日成之也」。〔註3〕

船山於《尚書引義》中以「生理」爲性，大闡「性日生日成」之說，其合氣以論性的觀念，不言可喻。船山於《讀四書大全說》中又曰：

　　所謂「氣質之性」者，猶言氣質中之性也。質是人之形質，範圍著者生理在內；形質之內則氣充之。而盈天地間，人身以內人身以外，無非氣者，故亦無非理者。理行乎氣之中，而與氣爲主持分劑者也。故質

〔註2〕《船山全書》第1冊《周易外傳》卷5〈繫辭上傳‧第五章〉，頁1004～1005。
〔註3〕《船山全書》第2冊《尚書引義》卷3〈太甲二〉，頁299～300。

以函氣，而氣以函理。質以函氣，故一人有一人之生；氣以函理，一人
有一人之性也。若當其未函時，則且是天地之理氣，蓋未有人者是也。
乃其既有質以居氣，而氣必有理。自人言之，則一人之生，一人之性，
而其爲天之流行者，初不以人故阻隔，而非復天之有。是氣質中之性，
依然一本然之性也。〔註4〕

船山於《大全說》中就不易的「形質」論性，不同意宋儒分「性」爲「天地之性」
與「氣質之性」。此因船山論性自始即兼氣而言，論性既不能離氣，何來「天地之性」
與「氣質之性」的分別？

　　然船山於早年著《周易外傳》時尚未積極就「氣質」論性。繼則善，不繼則不
善。「不善」是由於不繼，而不在氣質。然至寫作《尙書引義》時，船山改變觀念，
主張「道之繼」亦有不善，所謂有「二殊五實之駁」，而以人的「不善」歸之於陰陽
動靜同異攻取之「氣機」而謂之「氣質之性」。然船山此時所謂「氣質」者，只是指
陰陽同異攻取之「氣機」，並不指不易的形質而言。直至作《大全說》之時，則以「形
質」論性，而以「不善」歸之於「質」〔註5〕。船山曰：

　　　　質能爲氣之累，故氣雖得其理，而不能使之善。氣不能爲質之害，故
氣雖不得其理，而不能使之不善。又或不然，而謂氣亦受於生初，以有一
定之清剛濁弱，則是人人有陳陳久積之氣藏於身內，而氣豈有形而不能聚
散之一物哉！故知過在「質」而不在「氣」也。〔註6〕

從《周易外傳》、《尙書引義》至《讀四書大全說》，船山論「性」可說是逐步落實於
「形質」，以後至《周易內傳》乃至《正蒙注》都是如此。《正蒙注》中船山並且依
循橫渠「合虛與氣有性之名」之說，主張「性」是「原於天而順乎道，凝於形氣」
〔註7〕。蓋船山縮性氣爲一，其目的在於上通先秦《易》、《庸》之學，其發展的軌
跡，是企圖改變宋明儒宇宙論的傾向，導向先秦以人爲本位的人生論。這種思想趨
向自然是爲了扭轉佛老之學對宋明理學所產生的影響。

　　佛學傳入中國之後，對中國原有的學術思想產生極大的震撼。佛學基本上是一
種超越世間法的學問。佛法所討論者常超越吾人所見的現象界，進而探討心性與生

〔註4〕　《船山全書》第6冊《讀四書大全書說》卷7《論語・陽貨篇一》，頁857～858。
〔註5〕　船山作《尙書引義》時，以人心成於一動一靜同異攻取之「氣機」者爲「氣質之性」，
　　　　其時船山並未分「氣」與「質」的不同。至作《大全說》時則提出「氣」與「質」
　　　　不同的說法，以不善者在「質」而不在「氣」。請參看戴景賢先生《王船山之道器論》
　　　　第二章（一）及第六章（二）。
〔註6〕　《船山全書》第6冊《讀四書大全書說》卷7《論語・陽貨篇一》，頁860。
〔註7〕　見《正蒙注・太和篇》「合虛與氣有性之名」下船山注。頁33。

命的根源，而心性問題必然會牽涉到宇宙問題。佛教經典中所討論者，看來雖是極度高深，然而事實上佛學只有一個目的，就是澈底開顯心性，進而究竟解脫生命的煩惱。若以中國學術思想的範疇來說，佛學的眞正目的在「心性論」而非「宇宙論」或「本體論」。因此那些浩瀚高深的理論，都必須建立在最基本最簡單可行的實踐方法上。透過戒律和各種修行方法，逐步達到理論上所說的那些境界。然而佛教傳入中國之後，影響一般士人者，往往不是最基本的戒律和實踐的方法，而是那令人莫測高深的一眞法界無盡緣起的理論。中國思想自魏晉以後歷南北朝隋唐以迄宋明，逐漸偏向宇宙天道方面的發展，固然是中國社會物質文明與政治結構發展的結果，然而佛教思想的影響與刺激也是一個不可忽視的因素。

宋明兩代的理學與先秦孔孟學術的風貌已大不相同。伊川與朱子以理氣二分，推高「理」的地位，企圖在宇宙天地之上尋求一終究的本體。然而另一方面，朱子也提出「心統性情」的觀念，將宇宙的中心點置於有知覺能主宰的「心」之上。扭轉了宋明學術思想從「理學」到「心學」的轉變，往下開創了明代心學發展的契機。陽明主「心即理」，雖然思想內容與程朱有所不同，然基本上都將思想落在心性論上。

而船山處於明季宗社傾覆之際，企圖跨越宋明學術，上接先秦之學術，回復《易》《庸》之思想。船山學術雖然也討論天道、陰陽等較屬於本體性的問題，然其思想傾向其實仍落在現實的人生問題上。船山一生思想縱使有許多變動，但是始終主張「性氣合一」，這就代表了船山思想的傾向是在人生問題，而不是宇宙問題。船山注意的並不是人如何和宇宙萬物合一，而是如何確立人在宇宙中的地位。是以「人」爲本位，而不是以「宇宙」爲本位。故船山一生言「理」皆不離氣，論「性」也都未嘗離氣。性氣合一，人之地位自然凸顯〔註8〕。船山之所以捨朱子而獨契橫渠，認爲橫渠之學可以「上承孔孟之志，下救來茲之失」，其理由正在於此。

由此可見，橫渠之作《正蒙》以及船山之注《正蒙》，其思想的共同底層，就是以「性氣合一」爲基礎，站在儒家重視現實生命與實有世界的思想立場，展開對二氏空無之學的批判。橫渠門人范育曾爲《正蒙》一書作序。其言曰：

> 自孔孟沒，學絕道喪千有餘年。處士橫議，異端間作。若浮屠老子之書，天下共傳，與六經並行。而其徒侈其說，以爲大道精微之理，儒家之所不能談，必取吾書爲正。世之儒者亦自許曰：「吾之六經未嘗語也，孔

〔註8〕 「性氣合一」則「形上之理」的意義自然減弱。原因在「性」、「氣」既不分言，如此則宇宙大化之動能自在於「性氣」之中，不必在「氣」之上另外建立一個統御此氣的形上本體。人可以參贊天地之化，不必受形上根源的支配，人的地位自然較容易凸顯。

孟未嘗及也」，從而信其書，宗其道，天下靡然同風，無敢置疑於其間，

況能奮一朝之辯，而與之較是非曲直乎哉！〔註9〕

范育認爲其師橫渠之所憑藉以抗衡佛老者，在於「大道精微之理」，並駁斥時人因爲孔孟罕言性與天道，即認爲儒家無此思想，必須求之於佛老的錯誤觀念。范育又曰：

> 浮屠以心爲法，以空爲眞，故《正蒙》闢之以天理之大。又曰：「知
> 虛空即氣，則有無、隱顯、神化、性命通一無二」。老子以「無爲」爲道，
> 故《正蒙》闢之曰：「不有兩，則無一」。至於談死生之際，曰：「輪轉不
> 息，能脫是者，則無生滅」，或曰：「久生不死」，故《正蒙》闢之曰：「太
> 虛不能無氣，氣不能不聚而爲萬物，萬物不能不散而爲太虛」，夫爲是言
> 者，豈得已哉！〔註10〕

范育言橫渠主要以「天理之大」、「氣之實有」來對抗佛老的「空」、「無」。以《正蒙》一書質之〈范序〉，所言大致不差。橫渠欲與二氏爭者既在於「大道精微之理」，故其所言必然偏向宇宙天道方面者爲多，而又欲上合先秦孔孟之學，因此也不能置心性論於不顧。故橫渠以「太虛之氣」爲首出觀念，縮性氣於一。一方面合於先秦孔孟之論「性」，一方面又可以太虛一氣之聚散來解釋宇宙之大化，以駁斥二氏之「空」、「無」。橫渠又曰：

> 太和所謂道，中涵浮沉、升降、動靜、相感之性，是生絪縕、相盪、
> 勝負、屈伸之始。

> 太虛無形，氣之本體，其聚其散，變化之客形爾；至靜無感，性之
> 淵源，有識有知，物交之客感爾。客感客形與無感無形，惟盡性者一之。

〔註11〕

橫渠以太虛之氣爲宇宙萬化的「本體」。而太虛之氣中即涵有動靜、相感之「性」，此「性」即所謂「良能」，此涵有良能的「太虛之氣」若凝於形質則爲人之性，故又曰：「合虛與氣有性之名」。橫渠此一觀念上通於先秦「性氣合一」的心性論，大體爲船山之所承襲。船山於《正蒙注》中論「性」大致不違於橫渠〔註12〕，而在宇宙論方面船山也承襲橫渠以「氣」爲首出的觀念以破斥二氏之空無。「性氣合一」與「氣本論」這兩大觀念是船山之所以與橫渠相契的重要原因。

〔註 9〕　《正蒙・范育序》，《張載集》頁4〜5。

〔註10〕　《正蒙・范育序》，《張載集》頁5。

〔註11〕　《正蒙・太和篇第一》，頁7。

〔註12〕　此是指就「人性」而言。橫渠就天地氣化之能論「天性」之觀念則爲船山所無，下
　　　　　文詳之。

第二節　船山與橫渠論「氣」的不同

　　　　船山與橫渠思想產生差異的時代因素──橫渠主一氣，船山主二氣爲
　　二人思想產生歧異的根本──橫渠主「萬物一體」，船山主「萬物一源」。

　　船山與橫渠的思想雖有其同質性，然二人所處的時代不同，其所面臨的問題也不一致，因此思想也必然有相異之處。

　　橫渠處北宋中期，正是佛學經過隋唐黃金時代之後，儒學再度振興，理學開始發展之時。故橫渠所面臨的問題，只是如何提出儒家「大道精微之理」以與佛老的宇宙論抗衡，以恢復儒學的地位而已。佛老主張空、無，因此橫渠提出「太虛即氣」的觀念以建立宇宙天地氣化之實有，以做爲批判佛老思想的基礎。另外佛教有豎窮三際，橫遍十方的無邊法界觀；因此橫渠也在〈西銘〉中建立一個「乾稱父，坤稱母」的宇宙式的家庭，將家庭擴大成宇宙。由於北宋時期中國學術所面臨的問題，使得橫渠的思想基本上必須立基在宇宙天道問題的討論與建設。

　　然而船山的時代已不同。船山處明季之世，理學經數百年的發展已接近尾聲。當初對儒家造成強大壓力的佛教，早已在中國的社會中普及而成爲民間世俗信仰，儒佛之間的思想抗爭其實已逐漸消沉，因此北宋橫渠等人所面臨的必須以宇宙天道問題的創發和佛教一爭長短的時代已成爲過去。船山之時眞正對抗的思想潮流其實是王學末流〔註13〕。加上船山親身遭遇神州傾覆，國命受制於外族的亡國之痛，因此更將原因歸咎於陽明學術的沉淪無力。船山認爲陽明學發展至明末之時，事實上已與佛學合流。而學術之凋弊實是因爲陽明後學等「陽儒陰釋」之徒扭曲孔孟之正學，發爲邪說，以誤導聰明果毅之士之故。船山認爲：扭轉當時學術之弊唯一出路是回反先秦孔孟的正學，而孔孟之學，其本在「人」。因此船山思想縱使也必須討論陰陽氣化等宇宙天道的問題，然而其主軸始終圍繞在「人的心性問題」之上。因此船山之尊橫渠，其所重視者，其實在於可以上合於先秦性氣合一觀念的心性論，而不在其宇宙論。船山的學術思想始終企圖改變宇宙論、本體論的發展，而將學術導向以「人」爲本的方向，以建立「人」在宇宙中的特殊地位。這些差異都導因於張、王二人所處時代的不同，因此各自在思想史上的意義也不一樣。

　　上來所述，是橫渠與船山二人時代問題的差異。時代問題不同，思維方向也就不同。首先，船山與橫渠最大的差異在於一主「二氣」，而一主「一氣」，以下二人

〔註13〕尤其是泰州王門一派。另外，船山對於明末的學術並非全盤反對，其所痛斥者只限
　　　　於陽明後學而已。船山思想有部份其實可溯源於東林諸子。其詳情請參看錢賓四先
　　　　生《中國近三百年學術史》第一章〈引論〉部份。

在心性論、知識論上的差異，可說都是從這個基本的不同推演而出。船山分氣爲二，認爲陰陽不止是「性情」、「功效」上有差異，更是「才質」上根本的不同。這並不是船山早年就有的觀念，而是晚年寫作《周易內傳》、《正蒙注》時才發展出來的主張，已於第二章論「氣之陰陽」中論述之。

船山之所以主張「陰陽截然爲二氣」，有其思想演變上的線索可尋。船山的道器論之所以不斷地修改，與其直欲上返先秦儒家的心性論有密切的關係；換言之，船山的道器論是爲了適應心性論的發展而改變。此一現象在船山思想的演變中十分值得注意〔註14〕

船山早年作《周易外傳》時，大致上仍尊循濂溪朱子的矩矱，主張「太極之道主持分劑夫陰陽而有適然之妙」。故道繼乃有「善」，而善凝於人乃成「性」。其時船山所注意者在於道、善、性的「繼」與「成」的觀念上；且彼時既提出「道之分劑夫陰陽」的觀念，則陰陽自然是「一氣」。而道繼則善，不繼則不善，故「性」日生而日成〔註15〕。性的建立須植基於道繼之善，此「善」即所謂「適然於個體之形質而爲性」之義；因此船山此時特別提出「道」的觀念，以做爲陰陽所以能生化的解釋。動之義既在「道」，則陰陽自然傾向於爲一氣。

船山寫作《大全說》之時，於「繼善」之觀念有所變動：前文曾述及《外傳》之時船山主張「道」之於陰陽有均之之功，故能繼善以成性；《大全說》則主張道並不能主持分劑陰陽而使其皆有適然之妙，也就是「道」不能使氣必善，道之主持陰陽也可能有「不善」。然而雖然《外傳》與《大全說》對「繼之者善」的觀念有所不同，然因「道」對「氣」仍有主持分劑之功，因此「氣」仍受「道」的籠罩，自然不易發展出「二氣」的觀念。而且《大全說》之時，船山因主張天地有始，承認有未化之「元氣」，既有「元氣」的觀念，則陰陽當然不能爲二氣。

然而船山也正因爲在《大全說》中主張天地有始，承認太極之始有渾淪而齊一的「元氣」，因此在道、氣之間產生了一些矛盾，爲了解決這些問題，船山於是走上了主張「陰陽爲二氣」的道路。

《外傳》時船山主張「道主持分劑夫陰陽」，「道」與「陰陽」體用相函，故「道」與「陰陽」同其終結，沒有時間上的先後，故天地並無所謂「未化之始」。《大全說》

〔註14〕請參看戴景賢先生《王船山之道器論》第一章〈船山《周易外傳》中關於其道器論之建設〉（二），頁43。

〔註15〕船山於《外傳》中大闡「繼」善之觀念，其「繼」之觀念中實含有「發展」、「進化」的意義。宇宙大化不斷運行，爲必然之「動」，「動」則必「發展」，故凝氣而成之「性」也必然非一受成形即無損益，故「性」也具有「發展」、「進化」的意義，故曰：「性日生日成」。

既改主天地有未化之始，於是太極之始有渾淪而齊一的「元氣」，「道」與「陰陽」反而降爲已化後的所生。渾淪的元氣，只是未形，不能判分爲陰陽，「道」成爲已化之後氣化作用之表現。然而「元氣」何以能由未形而發展成已形？船山於是不得不再提出「元道」的觀念，即所謂「敦化之德」。然而問題又來：「元氣」、「元道」既爲未化之「一」，何以能生化而爲萬殊之「多」？又元氣既有「未化」和「已化」的過程，則必然含有「時間」義。「元道」既爲能敦化之德，爲何可以有未化之時境？船山如欲一一解決這些問題，則勢必使「元道」的內容變得十分複雜；且必導致不得不主張「元道」齊同之中已預具分殊之條理，而這正是船山所最反對者。船山一向反對宇宙生化預受一理則支配的主張，此自其寫作《周易外傳》時已然。《外傳》中雖以「道」爲陰陽之主持分劑者而有「均之」之功，然道之成化並非遵於「一成之則」，故只曰「適然之妙」。使用「適」字，正是代表「道」不是一個預定的理則。船山似乎較傾向於以宇宙生化爲偶然的主張〔註16〕。

《大全說》中既存在著這些問題，船山當然亟思加以解決。而船山自其四十七歲寫作《讀四書大全說》以迄六十七歲作《周易內傳》，其間距離有二十年。此二十年之中，船山思想的改變有兩個重要元素：一是其研《易》有得，二是對橫渠《正蒙》的契會漸深，當然二者有關聯。事實上船山是因爲研究《易》學有新的心得，於是才逐漸和橫渠的《正蒙》契合。船山於作《周易內傳‧發例》時，尚稱橫渠「言約而未嘗貫全易於一揆」，此時則以其學無非是《易》而推崇備至〔註17〕。船山即是因對《易經》的再深入研究，加上對《正蒙》的契入，使其思想轉趨先秦「性道合一」、「性氣合一」的方向。因此船山放棄朱子理氣分言的觀念，轉向先秦以心性爲本位以統御宇宙天地的舊轍。

這種傾向使船山之學轉向以「人」爲本位，而非以「宇宙」爲本位，使其不再有興趣討論「道與太極主持分劑夫陰陽」的問題。於是船山終於將「道」或「太極」的地位降低，而直接將推動宇宙生化的動能歸之於「陰陽」本身。蓋宋儒之所以提出「道」、「太極」或「理」的觀念，是以「陰陽爲一氣的兩種形式」，然而一氣何以

〔註16〕這對於船山思想最後完全打落「形上理體」的地位，歸結於「二氣之摩盪」與「人心之主宰」的思想，有一定的內在理路上的關聯。

〔註17〕船山《正蒙注‧序論》：「張子之學，無非易也，即無非《詩》之志、《書》之事、《禮》之節、樂之和、《春秋》之大法也，《論孟》之要歸也。自朱子慮學者之驚遠而忘邇，測微而遺顯。其教門人也，以《易》爲占筮之書，而不使之學，蓋亦矯枉之過，幾令伏羲、文王、周公、孔子繼天立極，扶正人心之大法，下同京房、管輅、郭璞、賈耽、壬遁、奇禽之小技。而張子言無非易，立天、立地、立人，反經研幾，精義存神，以綱維三才，貞生而安死。則往聖之傳，非張子其誰與歸！」

能動靜而產生陰、陽？因此必須另外提出「理」、「道」或「太極」的觀念來加以解釋。如今船山既然直接將動能歸於「氣」，則原來「氣」何以能動化的問題自然必須由「氣」本身來解釋，船山於是乾脆將「氣」分爲二，以陰陽爲「截然之二氣」，其「性情」、「功效」固不同，其「才質」也有異，且自始已然，各有其「靜存之體」，非一氣因太極之動靜而生。這是船山晚年思想上的一大突破。於是《大全說》中所遺留下來的一連串的問題至此乃可根本解決。

　　船山既捨棄「道」主持分劑陰陽的地位，使「道」只成爲氣化作用之下的「分理」與「條理」，陰陽二氣於是成爲最高的「至理」，一切生化皆源自陰陽二氣不同的體性所產生的摩盪。因此宇宙天地的「秩序性」與「整體性」的意義乃大幅降低。船山寫作《大全說》時，雖說氣之生化不能皆善，有「理」亦有「非理」，但至少仍然承認「道」有分劑陰陽的作用。然至《內傳》、《正蒙注》時，船山則大提倡無方體之「神」，強調宇宙生化的「不測」義。主張天地大化的森羅萬殊只是二氣摩盪錯綜之下時位、數量不齊所產生的結果，並無一統合之「理」、「道」或「太極」可使萬殊歸於一。船山在晚年《正蒙注》的思想中，很明顯地仍保留《大全說》之中「一可散而爲萬殊，萬殊不能復歸爲一」的主張，因此船山主張「萬物一源」，而不主張「萬物一體」。船山曰：

> 性以健順爲體，本太虛和同而化之理也，由是而仁義立焉。隨形質而發其靈明之知，則彼此不相知而各爲一體，如源之分流矣。恃靈明之知發於耳目者爲己私智，以求勝於物，逐流而忘源矣。〔註18〕

宋儒由於力圖建立足以和佛教哲學相抗衡的思想體系，因此多傾向於天道本體方面的討論，極欲建構一個可以統天地萬物爲一體的根據，以做爲士人安身立命之基礎，濂溪、伊川、朱子皆是如此。橫渠雖然在某些觀念上不同於其他宋儒，然基本上主張透過太虛一氣，天地萬物可以復歸於一，甚至更進一步主張萬物爲一體〔註19〕。橫渠與船山都以太虛之氣爲首出之觀念，然同樣對此「太虛之一氣」，橫渠言「太和」，而船山則言「大始」〔註20〕。船山之所以深契橫渠，是因爲藉由橫渠可以上通先秦「性氣合一」之舊路，然對於橫渠所言「萬物一體」的觀念則捨去不談，只承認「萬物同源」。

　　橫渠「萬物一體」的觀念主要表現在《西銘》一文，此外則見於《正蒙・大心

〔註18〕《船山全書》第12冊《張子正蒙注・誠明篇》，頁116。
〔註19〕伊川、朱子謂萬物同出一理，一理可貫串萬物，萬物皆受一理限制，但並未主張萬物爲「一體」。濂溪言「太極」亦是如此。
〔註20〕請參看錢穆〈《正蒙》大義發微〉，《中國學術思想史論叢》第五冊，（臺北：東大圖書公司，1978年7月，頁108）。

篇》。張子曰：

> 大其心則能體天下之物，物有未體，則心爲有外。世人之心，止於聞
> 見之狹。聖人盡性，不以見聞梏其心，其視天下無一物非我，孟子謂盡心
> 則知性知天以此。天大無外，故有外之心不足以合天心。〔註21〕

此段引文中最重要者在「其視天下，無一物非我」一句，然船山注此句時則曰：

> 盡性者，極吾心虛靈不昧之良能，舉而與天地萬物所從出之理合，而
> 知其大始，則天下之物與我同源，而待我以應而成。故盡孝而後父爲吾父，
> 盡忠而後君爲吾君，無一物之不自我成也。〔註22〕

船山將原來橫渠「萬物一體」的意義解釋成「萬物與我同源，而待我以成」，可見船
山與橫渠在「萬物一體」的觀念上有些距離〔註23〕。

橫渠與船山在此一問題上的不同，關鍵在於橫渠主一氣，而船山則主二氣。
橫渠認爲萬物不外一氣之聚散，散亦吾體，聚亦吾體，自然是萬物爲一體；然而
船山的陰陽是二氣，且陰陽之上再無一更高之「道」以統御之，宇宙一切生化皆
是此陰陽二氣摩盪、錯綜而成，因此天地萬化之「始」已是「二」而非一，萬物
又如何能爲「一體」？

然而萬物雖不能爲「一體」，然終究都出於陰陽二氣之生化，故仍可謂萬物同出
於「一源」；而人之所以能「盡己之命，以盡人物之命」，處置萬物使各得其宜，也
是因爲與萬物同出於一源之故。而橫渠由於主張「萬物一體」，因此對於「盡性至命」
的解釋，也就與船山有所不同。橫渠曰：

> 盡其性，能盡人物之性，至於命者，亦能至人物之命。莫不性諸道，
> 命諸天。我體物未嘗遺，物體我知其不遺也。至於命，然後能成己成物，
> 不失其道。〔註24〕

船山之注則曰：

〔註21〕《張載集》，頁24。

〔註22〕《船山全書》第12冊《張子正蒙注・大心篇》，頁144。

〔註23〕橫渠主張萬物爲「一體」，是就「太虛一氣」的觀念而論。宇宙萬物不外一氣聚散，
故萬物當然是「一體」。此「一體」與朱子所謂「理可通貫萬物」的「一體」在意義
上有差別；而與船山「心函絪縕之全體」（太和篇）、「天下之物相感而可通者，吾心
皆有其理」（大心篇）之「一體」也有不同。船山主張陰陽自始即是二氣，此二氣推
盪所成的萬物更不能復歸於一，所謂「心具萬物之全理」只是説萬物之理可以統於
吾心而已，物與物之間其實各不相知。此處所謂船山不主萬物爲一體，也只是就其
與橫渠「氣一」之「一體」的比較而言，並不是説船山思想中沒有「萬物一體」的
觀念。

〔註24〕《正蒙・誠明篇第六》，《張載集》，頁22。

　　能體物則人物皆以我爲體，不能離我以爲道，必依我之綏以爲來，動以爲和，九族睦，百姓昭，黎民變，鳥獸草木咸若，物無有能遺我者。

　　己無不誠，則循物無違而與天同化。以人治人，以物治物，各順其受命之正，雖不能知者皆可使由，萬物之命自我立矣。所以然者，我與人物莫不性諸道，命諸天，無異理也。〔註25〕

張、王二人同樣都提到「性諸道，命諸天」，但在解釋上橫渠主張「我體物未嘗遺，物體我知其不遺也」，而船山則是「能體物則人、物皆以我爲體，不能離我以爲道」。橫渠的「物我關係」似乎是是雙向的，我體物不遺，物體我也不遺，原因在於橫渠主「物我一體」；船山則明顯以「我」爲萬物之主，萬物之命皆自我而立，無有能遺我者。由此可見，船山注文不就橫渠萬物一體的觀念加以闡述，卻是突顯「人」在萬物之中的特出地位，強調萬物皆因「我」而得其宜。船山這種以「人」爲本位的思想，正是由「萬物只同源而不爲一」的觀念引伸而來。在這個差異之下，船山對「知識」問題的看法也與橫渠不同，橫渠在此一問題上大體仍不失先秦知識觀之矩矱。下文論述之。

第三節　船山與橫渠論「性」、「心」之不同

　　船山與橫渠在知識觀方面的不同——船山與橫渠在論性方面的不同——船山以善、性爲人之獨——橫渠以太虛一氣自涵之動能而論天性——船山與橫渠論「氣質之性」的觀點並不相同——船山與橫渠在論「心」方面的不同

張子曰：

　　誠明所知，乃天德良知，非聞見小知而已。〔註26〕

　　大其心則能體天下之物，物有未體，則心爲有外。世人之心，止於聞見之狹。聖人盡性，不以見聞梏其心，其視天下無一物非我，孟子謂盡心則知性知天以此。天大無外，故有外之心不足以合天心。見聞之知，乃物交而知，非德性所知；德性所知，不萌於見聞。〔註27〕

　　天之明莫大於日，故有目接之，不知其幾萬里之高也；天之聲莫大於

〔註25〕《船山全書》第12冊《張子正蒙注・誠明篇》，頁125～126。
〔註26〕《正蒙・誠明篇第六》，《張載集》，頁20。
〔註27〕《正蒙・大心篇第七》，《張載集》，頁24。

雷霆，故有耳屬之，莫知其幾萬里之遠也；天之不禦莫大於太虛，故心知
廓之，莫究其極也。人病其以耳目見聞累其心而不務盡其心，故思盡其心
者，必知心所從來而後能。〔註28〕

橫渠認爲一切知識的目的，都是爲了成就「德性之知」，即所謂「明覺之知」。橫渠
雖未完全否定見聞知識存在的價值，承認也有引發德性明覺之知的意義〔註29〕，然
究竟以德性之知爲一切知識的本源與目的。橫渠這種見解契合於先秦孔孟之學對知
識地位的衡定。孔孟教人，一切皆以德性的全幅朗現爲依歸，見聞之知只是附屬。
理學興起，宋儒才眞正對純粹知識的地位與價值加以注意及討論。

朱子企圖結合「知識之知」與「明覺之知」。朱子雖然也是以「吾心之全體大用
無不明」爲知識的最終目的，但至少已承認純粹知識的存在價值。然朱子以格物窮
理爲入手，欲求明覺之知全幅呈現的知識觀，亦頗遺後人之疑慮：此即是「格物窮
理」是否只落於物性知識的相對世界之中？而相對世界中的見聞之知又如何能使吾
心一旦豁然貫通，以達到「吾心之全體大用無不明」的境界？陽明即是因爲對此一
問題不能無疑而改主他說。

船山自始即不主張宇宙萬化可復歸於一，因此也不主張萬物可納歸於一會通之
理。船山雖不似橫渠之不重知識之知，但也不贊成朱子認爲吾心可以貫通天地間一
切知識爲一的觀念。船山基本上主張「萬物一源」，以人爲本位，認爲萬物皆須由「我」
而得其順正之宜，因此主張人對知識只能「折衷不惑」、「知明處當」，人不可能有對
萬物會通之知。船山曰：

> 天下之物相感而可通者，吾心皆有其理。唯意欲蔽之則小爾。由其
> 法象，推其神化，達之於萬物一源之本，則所以知明處當者條理無不見
> 矣！天下之物皆用也，吾心之理其體也，盡心以循之而不違，則體立而
> 用自無窮。〔註30〕

船山這種以「我」爲依歸的知識觀並不是晚年作《正蒙注》之時才有的觀念，四十
七歲寫作《讀四書大全說》之時，立論已經與朱子有所不同〔註31〕。然較之橫渠，
船山與朱子雖於知識觀上某些論點有所不同，然二人都已注意到「知識」本身的價

〔註28〕《正蒙‧大心篇第七》，《張載集》，頁25。
〔註29〕《正蒙‧大心篇》曰：「耳目雖爲性累，然合內外之德，知其爲啓之要也」。《張載集》，頁25。
〔註30〕《船山全書》第12冊《張子正蒙注‧大心篇》，頁143。
〔註31〕可參見《讀四書大全說》卷六，《論語‧衛靈公篇二》頁 816～817。船山討論「一
　　　以貫之」的觀念。此時船山已經主張「盡己之理而忠，則以貫天下之理；推己之情
　　　而恕，則以貫天下之情」、「無不皆備於我也」的觀念。

值。而橫渠則似更近於先秦以一切知識歸之於德性的知識觀。船山的知識論其實是受了朱子的影響，使其不能置朱子格物觀之下對知識的處理態度於不顧。因此船山一方面欲返回先秦孔孟之舊轍，使一切知識皆歸於德性價值；而另一方面卻又不敢忽略知識本身的價值，因此形成了與橫渠有別的知識觀念。

船山與橫渠在陰陽爲一氣或二氣的問題上的歧異，不但影響其知識論主張的不同，在心性論方面也導致歧異。船山主張陰陽爲二，萬物只是「同源」而非「一體」；而處置萬物者在「人」，人可統御物，但人與物卻「不共命」。故船山之論心、性都扣緊「人」而言：「性」是陰陽二氣生化不測之神凝於「人」的形質，「心」是形、神、物三相合而生的知覺。這些都必須就「人」而言，而不是就「人」與「物」的統合而言。

船山至其晚年作《正蒙注》時亟欲越過程朱，以回返先秦孔孟的原始儒學，其最大的特點就是扭轉了宋儒的宇宙論傾向，而導向人生論的範圍。在船山的思想中，一切似乎都以「人」爲最高的價值所在。船山所關心的問題並不是萬物是否爲一體？或是否有一「道」或「太極」可以統天地而爲一；而是「人」在宇宙中的地位，人如何能統御萬物而使萬物皆得其順正？基於這種思想傾向，船山於是主張「善爲人之獨」。其曰：

> 知覺運動，生則盛，死則無能焉。性者天理流行，氣聚則凝於人，氣散則合於太虛。晝夜異而天之運行不息，無所謂生滅也。如告子之說，則性隨形而生滅，是性因形發，形不自性成矣。曰：性善者，專言人也。故曰：「人無有不善」。犬牛之性，天道廣大之變化也，人以爲性，則無所不爲矣！

> 乾道變化，各正性命。理氣一源，而各有所合於天，無非善也。而就一物言之，則不善者多矣。唯人則全具健順五常之理，善者人之獨也。
> 〔註32〕

船山「善者，人之獨」的觀念，並不是《正蒙注》特有的主張，《大全說》中已有此一觀念〔註33〕，即使於同屬晚年思想的《周易內傳》中也仍是如此：

〔註32〕《船山全書》第 12 冊《張子正蒙注·誠明篇》，頁 126。

〔註33〕《大全說》卷 10《孟子·告子上二》云：「理即是氣之理，氣當得如此便是理，理不先而氣不後。理善則氣無不善，氣之不善，理之未善也。人之性只是理之善，是以氣之善；天之道惟其氣之善，是以理之善」、「乃既以氣而有所生，而專氣不能致功，固必因乎陰之變、陽之合矣！有變有合，而不能皆善，其善者則人也，其不善者則犬牛也」、「人有其氣，斯有其性；犬牛既有其氣，亦有其性。人之凝氣也善，故其成性也善；犬牛之凝氣也不善，故其成性也不善。氣充滿於天地之間，即仁義

道統天地人物，善、性則專就人而言也。一陰一陽之謂道，天地之自為體，人與萬物之所受命，莫不然也。而在天者即為理，不必其分劑之宜；在物者，乘大化之偶然，而不能遇分劑之適得。則合一陰一陽之美以首出萬物而靈焉者，人也。〔註34〕

上文是船山解釋《易·繫辭傳》「繼之者善也，成之者性也」的注文，首句即強調「善、性」都專就「人」而言，人是「合一陰一陽之美，以首出萬物而靈者」。《外傳》時船山尚未有如此明白之主張〔註35〕。至《大全說》時則明言以人為善，犬牛為不善，至晚年《內傳》、《正蒙注》時，則更主張善者唯人。船山以「人」為本位的思想，正好接上晚年「陰陽為二氣」、「萬物同源」的觀念。人與萬物不為一體，物與我不共命，更能凸顯「人」在宇宙天地之間特出的地位，也才能表現出人對萬物「統御折衷」、「知明處當」的意義。人若與萬物只是一氣聚散之不同，則所謂「統御」、「處置」等觀念的立論基礎終將顯得較為薄弱。因此船山晚年以陰陽為二氣的發明，正好接上其早年已涵蘊而漸成熟的某些觀念，於是形成了《內傳》、《正蒙注》中所表現的晚年定論。

船山晚年推遵橫渠，認為其學無非是《易》。則橫渠論性命之學應該與船山無大差異，而事實不然。橫渠論「性」，並不止於「人」。橫渠曰：

太和所謂道，中涵浮沉、升降、動靜、相感之性，是生絪縕、相盪、勝負、屈伸之始。其來也幾微易簡，其究也廣大堅固。起知於易者乾乎！效法於簡者坤乎！散殊而可象為氣，清通而不可象為神。不如野馬絪縕，

充滿於天地之間，充滿待用，而為變為合，因於造物之無心，故犬牛之性不善，無傷於天道之誠」。《船山全書》第六冊，頁1052～1054。

〔註34〕 《船山全書》第1冊《周易內傳·繫辭上傳第五章》，頁526。

〔註35〕 《周易外傳·繫辭上傳第五章二》言：「相繼者善，善而後習知其善，以善而言道，不可也。道之用，不僭不吝，以不偏而相調，故其用之所生，無僭無吝以無偏，而調之有適然之妙。妙相衍而不窮，相安而各得，於事善也，於物善也。若夫道，則多少陰陽，無所不可矣」、「道無時不有，無動無靜之不然，無可無否之不任受。善則天人相續之際，有其時矣。善具其體而非能用之，抑具其用而無與為體。萬彙各有其善，不相為知，而亦不相為一」、「小者專而致精，大者博而不親。然則以善說道，以性說善，恢恢乎其欲大之，而不知其未得其精也。恢恢乎大之，則曰：「人之性猶牛之性，牛之性猶犬之性」亦可矣，當其繼善之時，有相猶者也，而不可概之已成乎人之性也。則曰：「天地與我同根，萬物與我共命」亦可矣，當其為道之時同也，共也，而不可概之相繼以相授而善焉者也。」（頁1006～1007）。由上之引文可知船山於《外傳》中言「善性」，雖多就「人」立論，然並未明言「善性」乃專就人而言者。且船山明言「萬彙各有其善，不相知亦不相為一」，則善亦可就萬物而言明矣，如此則「性」也未必僅止於「人」，由此可知船山在《外傳》中尚未以「善性為人之獨」，只是已略有此一傾向而已。

不足謂之太和。語道者知此，謂之知道；學易者見此，謂之見易。不如是，
雖周公才美，其智不足稱也已。

上文是《正蒙・太和篇》首章，也是疏通橫渠思想時最值得注意的一段文字。所謂
「太和」是指天地一氣實有之全體，所謂「中涵浮沉、升降、動靜、相感之性」者，
是指「太虛之氣」中所蘊涵的動能。橫渠不似程朱以氣爲形下，理爲形上，以理範
圍氣；而是以「氣」爲首出，「氣」之生化基於本身的動能，氣之上再無一更高的「理」
以範圍之。橫渠此說較程朱更近於先秦的氣化思想。

　　太虛之氣既然本身即涵有動靜之能，故能起變化，變化所成者稱之爲「客形」；
而太虛無形之氣則是「本體」。《正蒙・太和篇》：

　　　　太虛無形，氣之本體，其聚其散，變化之客形爾；至靜無感，性之
　　淵源，有識有知，物交之客感爾。客感客形與無感無形，惟盡性者一之。

〔註36〕

不論「本體」或是「客形」都是一氣，因此都涵有動靜之「性」，故曰「惟盡性者一
之」。可見橫渠所謂「性」不止於指人之性，也指「天之性」。橫渠將太虛未形之氣
中所涵的動能也稱之爲「性」，正可見橫渠思想中對太虛一氣實有觀念的重視。

　　然而橫渠既然認爲「本體」與「客形」唯「盡性者一之」，太虛一氣不論形與未
形都蘊涵天性之動能，何以又說「至靜無感，性之淵源」？其實這只是因爲與「感」
對言而方便名之爲「無感」」而已，並非眞的認爲太虛無形的本體無動感之能，故此
句須與上句「太虛無形，氣之本體，其聚其散，變化之客形爾」一體來看。「其」字
指太虛本體之氣，聚散是太虛之氣的聚散，既能聚散，豈可無感？宇宙本無「無感」
之氣，故所謂「至靜無感，性之淵源」，只是指謂氣之未形絪縕之狀態而已。

　　橫渠又曰：「合虛與氣有性之名」。「虛」指本體未形之氣，爲天地萬物生化之
原質；而「氣」則相對的指凝聚而成的形質，即所謂「客形」。動化之能落實於個
體之中，即凝而爲「性」。橫渠「合虛與氣有性之名」中的「性」指的是「人之性」
〔註37〕，橫渠對「人性」的看法基本上與船山無大差異。然而船山止言「人性」，
而橫渠則進一步言「天性」。其曰：

　　　　至誠，天性也；不息，天命也。人能至誠則性盡而神可窮矣，不息則
　　命行而化可知矣。學未至知化，非眞得也。

　　　　天包載萬物於內，所感所性，乾坤、陰陽二端而已。無內外之合，無
　　耳目之引取，與人物蕘然異也。人能盡性知天，不爲蕘然起見則幾矣。

〔註36〕《張載集》，頁7。
〔註37〕當然也可以包含「物之性」。

> 無所不感者虛也，感即合也、咸也。以萬物本一，故一能合異；以其
> 能合異，故謂之感；若非有異則無合。天性、乾坤、陰陽也。二端故有感，
> 本一故能合，天地生萬物，所受雖不同，皆無須臾之不感，所謂性即天道
> 也。〔註38〕

細讀以上三條引文，橫渠言「性」幾乎都針對乾坤、陰陽兩端之感應而言，故曰：「天性、乾坤、陰陽也，二端故有感，本一故能合」、「天包載萬物於內，所感所性，乾坤、陰陽二端而已」。橫渠論「天性」之時，只就陰陽二端之感應而言，不涉及實際生化而成的形質，故曰：「無內外之合，無耳目之引取，與人物蕝然異矣！」若涉及人物而言，則不能僅就氣本身的動能，必須兼及凝聚而成的形質。〈太和篇〉所謂「合虛與氣有性之名」，即是就人性而言者〔註39〕。論人性時橫渠不就陰陽二端之動感而說，改就「主體」與「客形」的合一而說。故橫渠曰：「性其總，合兩也」〔註40〕，所謂「合兩」即是合「虛」與「氣」，也就是合「涵動能的太虛本體未形之氣」以及「此氣所實然凝成之形質」。論「性」不能只停留在陰陽二端相感之「天性」，感必成化而落實為人、物，因此也不能不就實然的形質論性。故橫渠又曰：「飲食男女皆性也，是烏可滅？」〔註41〕，可見橫渠也不能捨氣質而論性，而船山在此一觀點上與橫渠同〔註42〕。又橫渠以性為合兩，不排除客形氣質以說「性」，其實也是針對佛老以「空」、「無」論性而發，此一觀念又與船山同，故同為二人闢佛老的基本論點。

橫渠不捨氣質而說「性」。而船山在《正蒙注・誠明篇》中又大大闡發橫渠以「耳目口體」歸於「性」而為善，以「剛柔彊弱」歸於「才」而不善的觀念；則似乎橫渠論「氣質之性」與「才」的觀念應與船山同，其實不然。船山之注文云：

> 氣質者，氣成質而質還生氣也。氣成質則氣凝滯而局於形，取資於物
> 以滋其質；質生氣則同異、攻取各從其類，故耳目口鼻之氣與聲色臭味相
> 取，亦自然而不可拂違。此有形而始然，非太和絪縕之氣，健順之常所固
> 有也。舊說以「氣質之性」為昏明強柔不齊之品，與程子之說合。今按張
> 子以昏明強柔得氣之偏者繫之「才」而不繫之「性」。故下章詳言之，而

〔註38〕《正蒙・乾稱篇第十七》，《張載集》頁63。若依《船山全書》本，上引橫渠之語屬〈可狀篇〉。

〔註39〕因下一句言「心」，故可知。

〔註40〕《正蒙・誠明篇》語。

〔註41〕《正蒙・乾稱篇第十七》語，《張載集》頁63。若依《船山全書》本，則此語在〈可狀篇〉，《船山全書》第12冊，頁362。

〔註42〕由此可見，橫渠、船山二人對此一問題的看法較近於孔子「性相近」的觀念。

此言「氣質之性」，蓋孟子所謂口耳目鼻之於聲色臭味者爾。

　　蓋性者，生之理也。均是人也，則此與生俱有之理未嘗或異；故仁義禮知之理，下愚所不能減，而聲色臭味之欲，上智所不能廢，俱可謂之爲性。而或受於形而上，或受於形而下。……但形而上者爲形之所自生，則動以清而事近乎天；形而後有者資形起用，則靜以濁而事近乎地。……則一屈一伸之際，「理」與「欲」皆自然而非由人爲。故告子謂食色爲性，亦不可謂爲非性，而特不知有天命之良能爾。〔註43〕

船山於次章之注文又曰：

　　昏明、彊柔、敏鈍、靜躁，因氣之剛柔緩急而分，於是而智愚、賢不肖若自性成，故荀悅、韓愈有三品之說，其實才也，非性也。「性」者，氣順理而生人，自未有形而有形，成乎其人，則固無惡而一於善，陰陽健順之德本善也。「才」者，成形於一時升降之氣，則耳目口體不能如一，而聰明幹力因之而有通塞、精粗之別，乃動靜、闔闢偶然之機所成也。性藉才以成用，才有不善，遂累其性，而不知者遂咎性之惡，此古今言性者皆不知才、性各有從來，而以才爲性爾。……程子謂天命之性與氣質之性爲二，其所謂氣質之性，才也，非性也。張子以耳目口體之必資物而安者爲氣質之性，合於孟子，而別剛柔、緩急之殊質者爲才，性之爲性乃獨立而不爲人所亂。蓋命於天之謂性，成於人之謂才；靜而無爲之謂性，動而有爲之謂才，性不易見而才則著，是以言性者但言其才而性隱，張子辨性之功大矣哉。〔註44〕

船山這兩段注文，洋洋數百言，強調「仁義禮智」與「聲色臭味」俱可謂之爲「性」，而後人往往不知「性」與「才」的分別，以「才」之不善歸咎「性」之不善。船山極力闡釋橫渠分辨「氣質之性」與「才」的不同，以糾正程子以「昏明強柔之才」爲「氣質之性」之誤。船山之意：「氣質之性」指耳目口體必資物以生者之自然，雖出於形而下，亦屬人性之不可拂違；而「才」則成於人一時升降之氣之偏；故若有不善，則是在「才」而不在「氣質之性」。

　　船山於此盛贊張子辨性之功，然細繹橫渠論「性」之文字，其與船山所言者其實仍有不同。橫渠云：

　　形而後有氣質之性，善反之則天地之性存焉，故氣質之性，君子有弗性者焉。

〔註43〕《船山全書》第 12 冊《張子正蒙注・誠明篇》，頁 127～128。
〔註44〕《船山全書》第 12 冊《張子正蒙注・誠明篇》，頁 129～130。

人之剛柔、緩急，有才與不才，氣之偏也。天本參和不偏，養其氣，
反之本而不偏，則盡性而天矣。〔註45〕

橫渠並未主張以耳目口體之必資物以生者為氣質之性，而且明言「君子不以氣質之
性為性」，又言「善反之，則天地之性存焉」，則橫渠不以氣質之性專指耳目口體之
自然者明矣！否則又何必「反之」而天地之性乃可存？橫渠於下章又接言「人之剛
柔、緩急，有才與不才，氣之偏也。天本參和不偏，養其氣，反之本而不偏，則盡
性而天矣！」。橫渠之意其實是以「氣質之性」為氣之剛柔、緩急之「偏」，而其內
容不但包括「才」，同時也包括「耳目口體」。橫渠只是就此二者之攻取之性容易引
發物欲之交，以喪失天地之性這一點來論「氣質之性」，並不包括如船山所言者屬於
自然而不可拂違的耳目口體的部分。橫渠曰：

湛一，氣之本；攻取，氣之欲。口腹於飲食，鼻舌於臭味，皆攻取
之性也。知德者屬厭而已，不以嗜欲累其心，不以小害大，末喪本焉爾。

〔註46〕

橫渠以口腹鼻舌之於飲食臭味，皆是攻取之性。有德者若能「屬厭而已」，不以小害
大，以末喪本，則並不妨礙「德」；因此橫渠不以耳目口體之自然而不可拂違者指「氣
質之性」可說是十分明白。

另外，橫渠雖然也認為飲食男女不外於「性」而不可絕，並以之做為闢二氏的
論點；然另一方面則卻又以氣質之性為氣之偏，而以「善反之」為盡性合天之極致。
可見橫渠終究以「天地之性」為生命的依歸，而不以氣質之性為性。

然而船山則有不同：船山以「人」為宇宙的本位，心性論與宇宙論都歸結於「人」，
因此完全以「氣質之性」為基礎而論「性」。船山自始即不喜離「氣」而言「理」，
且以「人」為宇宙天地的主體，不似橫渠以天地萬物為一體，因此「人」的本位性
相對的略為薄弱。故橫渠思想以「天地之性」為主體，而船山則重「氣質之性」。

船山重「氣質」以論「性」，另一個意義則在於對佛老的破斥：船山以為釋氏之
徒「蔑棄彝倫」、「殘毀肢體」，欲離棄氣質之性以追求天地之性，不如儒家不捨棄人
官物曲之實，不空索於杳冥之際之為正學。故船山堅持以耳目口體資物以生者為性
之自然而不可離。由此觀之，船山與橫渠於論氣質之性時，表現出不同之傾向，在
輕重之際，實與其思想所針對的「敵體」有重大的關係。

北宋初期的理學家為了對抗佛教思想的刺激，故其討論的重點原本就偏向於宇
宙論，企圖在天道思想方面建立體系與之抗衡。前文述及，橫渠超越先秦言「性」

〔註45〕《正蒙·誠明篇第六》，《張載集》頁23。
〔註46〕《正蒙·誠明篇第六》，《張載集》頁22。

之義，向上推高一層而言「天性」，即與對佛老的批判有關係。橫渠不多言「太極」或「理」，也不以「氣」爲形下而以「理」主持範圍之；而是直接以氣通形上形下爲一體，而以動化之「能」歸之於氣之中而爲「性」。如此則一方面可上縮先秦「性氣合一」的觀念，一方面又可以與二氏之言「空」、「無」直接對壘。這就是爲何橫渠不以理、氣對言，而直接以太虛實然一氣爲首出的原因。

　　橫渠以太虛絪縕之一氣論「天性」，基於天地一氣動化之能，其論「心」也擴大到與天地爲一之「天心」，其曰：

　　　　大其心則能體天下之物，物有未體，則心爲有外。世人之心，止於聞見之狹。聖人盡性，不以見聞桔其心，其視天下無一物非我，孟子謂盡心則知性知天以此。天大無外，故有外之心不足以合天心。見聞之知，乃物交而知，非德性所知，德性所知，不萌於見聞。〔註47〕

橫渠論「天心」時特別結合「見聞之知」與「德性之知」加以論述。橫渠認爲「見聞之知」是有外之心，非無外之心，因此非「德性之知」，不足以合「天心」。從「有外」、「無外」的觀念即可知「天心」是以「天性」爲基礎的。橫渠的理學以太虛一氣建立天地的實存，人稟受此實有之氣而生，在「體質」上與天地共此一氣，因此太虛之氣中所涵的動靜相感之「能」落於人之形質之中則爲「知覺之心」。而同時透過此天地一氣的聯結，人「心」也能體天地萬物不遺而成爲一超越「物交之見聞」的無外之心，橫渠即稱之爲「天心」。橫渠的「天心」固然可以解釋爲人心涵攝天地萬物的知覺，然同時也帶有體天地氣化自然流動之理的意義。「人心」與倫常之理對應，而「天心」則與氣化自然之理對應，在此一意義之下，「天心」即是「天理」。橫渠思想中的「性」與「心」都向上提升到天道的層次，也可見其以「太虛即氣」爲首出觀念所產生的影響。

　　船山論「心」則明顯與橫渠不同，仍然只落實在「人」之上而言。「心」之知覺依於「形」、「神」、「物」三和合，必須藉內、外在的條件才能生起，其功能主要在於對萬物「折中不惑」、「知明處當」之作用。天下之事物可相感而通者，其理皆具於心，故遇事物則可以以本具於吾心之理應之，處萬物使皆得其宜。人不必盡知天下之物，天下之物亦「不相知而不相爲一」，「物」雖非一體，然「理」全具於「心」，故船山曰：「天下之物皆用也，吾心之理其體也」，可見船山之「心」只在「人」不在「天」。橫渠論「心」則主張萬物與我本是氣化之一體，宇宙萬物之動化即是吾心，心與物爲一，不僅止於「知明處當」而已。船山認爲：心之於外物有必知，有不必

知，一切歸於人之處置，心不能盡知外物，也不必盡知外物。而橫渠則主大其心，則天下之物無一而不能體，有一物未體則非無外之「天心」。船山以心性專屬之人，而主「萬物同源」；橫渠則以之通宇宙人物爲一論心性，而主「萬物一體」。二人的差異固然是爲了因應不同的時代問題，然而也未嘗不是因爲「一氣」或「二氣」主張上的不同，而導致的所謂牽一髮而動全身的結果。

第五章　船山推尊橫渠在理學發展上的意義

第一節　宋明理學中的兩個思想脈絡

　　　　引言——濂溪以體用分言方式論太極陰陽之生成義是造成船山與朱
　　子宇宙論思想不同的開端——朱子以「理」解釋濂溪的「太極」——朱子
　　對濂溪「太極」的解釋受理氣二元說的影響

　　前文論及船山推尊橫渠，是企圖以橫渠上合於先秦儒家之舊學。一方面破斥佛老，一方面力挽明末學術之流弊。然船山與橫渠所處的時代既然有異，所面臨的問題自然也有不同，因此也各有其在思想史上所成就的意義。船山早年遵濂溪、朱子之矩矱，後乃改宗橫渠。雖其不欲自異於先儒，故對於與朱子觀念不同之處，始終委婉而言，甚至曲爲彌縫以求其同。然而船山與朱子一生之學問，立論有所不同，實昭昭然不可掩。船山雖然在晚年方始歸宗橫渠，然於早、中期著《周易外傳》、《讀四書大全說》之時，其思想立論已漸與朱子有異，之所以仍尊奉朱子不輟，其實是基於反對佛老這個更大的理由。此義前文已論述之。

　　故而船山處明末之際，理學發展已漸至尾聲，而其欲歸宗橫渠，以上返先秦，而思解決理學至明末之時所發展及遺留下來的問題，其思想史上的意義自然值得注意。而船山由尊朱子而改宗橫渠，其一生學問的演變，也和理學發展的內容有重大的關係。船山何以棄朱子而改宗橫渠？在宋明理學的發展史上究竟有何意義？朱子以理氣二分解釋濂溪，又以橫渠《西銘》爲「理一分殊」，納橫渠於濂溪，而企圖以其理氣二元的結構疏通周、張、二程的思想爲一，此其間的思想異同曲折又如何？本章即透過這些問題的論述來探討船山思想在宋明理學史上的地位與意義。

　　先秦之學基本上是性氣合一的，雖然在老、莊思想崛起後，開始了對宇宙天道

問題的思維；然而先秦時代的思想基本上都還是以「人」爲本位的。秦漢以下，歷魏晉南北朝以迄隋唐，受玄學之下老莊思想的復興及外來佛教哲學發展的影響，使學者開始注意到本體問題的討論，學術於是逐漸溢出了先秦的範圍。北宋以前儒學不振，佛學與老莊思想幾乎籠罩了整個學術界。北宋中期之後若干學者乃思於佛老的刺激之下重建儒家本位的學術，以求士人安身立命之地。其中值得注意者，首爲濂溪。

濂溪著〈太極圖說〉，爲宋代理學第一篇重要文字〔註 1〕。〈太極圖說〉一開始即提出宇宙「生成」的觀念：

> 無極而太極。太極動而生陽，動極而靜，靜而生陰，靜極復動，一動一靜，互爲其根。分陰分陽，兩儀立焉。陽變陰合，而生水火木金土，五氣順布，四時行焉。五行一陰陽也，陰陽一太極也，太極本無極也。

濂溪於「太極」之上再加「無極」二字，且言「太極動靜而生陰陽」，顯然已含有「生成」義〔註 2〕，而不是純粹先秦儒家之學〔註 3〕。〈太極圖說〉中宇宙生成論的提出，很容易從「太極」與「陰陽」的關係發展出體用二元的思想體系。朱子即是透過對〈太極圖說〉的解釋開出理學上一條二元論的脈絡來。朱子將「太極」解釋爲「理」，與「陰陽」形成形上與形下分言的體用二元的結構。《語類》云：

> 問：太極不是未有天地之先有箇渾成之物，是天地萬物之理總名否？
> 曰：太極只是天地萬物之理。在天地言，則天地中有太極，在萬物言，則萬物中各有太極。未有天地之先，畢竟是先有此理。〔註 4〕

朱子以「理」解釋太極，甚至說「他道理自如此，著自家私意不得」，可見其自認堅確之意。朱子的思想最重要者在其「理氣二分」之說，整個思想體系都建立在「理氣二元」的思想結構之上，同時也將這一套結構投射到濂溪〈太極圖說〉的解釋之上。

〔註 1〕 濂溪〈太極圖說〉本據《易傳》思想而來，企圖闡發先秦儒家的天道性命思想，然其中已有濃厚的道家甚至道教的思想成份在內。

〔註 2〕 先秦儒家論「道氣」，都是就已存的宇宙而論。如易傳言「一陰一陽之謂道」，也只是就陰陽之動化中指示其「道」的存在，從來不討論「道」如何創生出陰陽之氣。「道」可以是「根源義」，但並無「生成創化」之義。而濂溪言「太極動靜而生陰陽」，已不是先秦就現存已然的宇宙來論太極、陰陽的舊義，而是企圖進一步探求宇宙創生的過程，是探討從「未然」到「已然」的宇宙生成。先秦儒家並無此一思想。

〔註 3〕 先秦道家思想中的《老子》則已有宇宙生成論的觀念。如「道生一，一生二，二生三，三生萬物」（42 章），「天下萬物生於有，有生於無」（40 章），「有物混成，先天地生」（25 章）等都表現出「宇宙生成」的觀念。

〔註 4〕 《朱子語類》第 1 冊卷 1〈理氣上〉，頁 1。

　　朱子不但以理氣二元論解釋濂溪，也企圖以同樣的理論結構解釋橫渠。只是橫渠「太虛即氣」的思想體系先天的不容易納入理氣二元的架構中，因此引起了朱子對橫渠《正蒙》中的文字的疑慮〔註5〕。朱子的理氣二元結構受伊川影響大，由於伊川與朱子是宋代理學的重鎮，朱子又是集大成的人物，因此太極陰陽理氣二元的思想結構幾乎成爲後來理學史上解釋濂溪〈太極圖說〉的定論。

　　然而如果細讀〈太極圖說〉，當可發現濂溪雖有「太極生成陰陽」的觀念，但確未必眞有朱子所解釋的體用二元的結構。〈太極圖說〉論述「太極動靜生陰陽」之後，緊接著說：「五行一陰陽也，陰陽一太極也，太極本無極也」，可見在濂溪的觀念中「無極」、「太極」、「陰陽」以至「五行」是同質性的，其實都是一氣生化的不同層次而已。《宋元學案・濂溪學案下》於〈太極圖說〉下引劉蕺山之言曰：

> 一陰一陽之謂道，即太極也。天地之間，一氣而已，非有理而後有氣，乃氣立而理因之寓也。就形下之中而指其形而上者，不得不推高一層，以立至尊之位，故謂之太極，而實無太極之可言，所謂無極而太極也。使實有是太極之理，爲此氣從出之母，則亦一物而已，又何以生生不息，妙萬物而無窮乎！今曰理本無形，故謂之無極，無乃轉落註腳。太極之妙，生生不息而已矣。生陽生陰，而生水火木金土，而生萬物，皆一氣自然之變化。〔註6〕

蕺山此言，闡發〈太極圖說〉與《易傳》「道氣合一」思想，似乎比朱子更能得濂溪〈太極圖說〉的原義。而橫渠「太虛即氣，聚散生萬物」的觀念與濂溪「陰陽一太極，太極本無極」在觀念上是相通的。周、張二人都以「氣的實有」來建立宇宙天地生生不息的基礎，氣動而成理，理不離氣。基本上都是屬於理氣一元的思想結構。

　　由上來所述可知：透過伊川、朱子對濂溪〈太極圖說〉的解釋，開出了一條「理氣二元」的思維方向，和原來濂溪、橫渠的「理氣一元」的結構形成了兩個不同的思維方向〔註7〕。這兩個思維方向同時也形成了宋明理學史上的兩個重要的學術脈絡〔註8〕。船山早中年之時尊朱子，代表其思想可以接受朱子「道」與「陰陽」的結構關係，當然這並不代表船山接受朱子以「太極」爲靜態之理的理氣二元論。然

〔註5〕　可參看《朱子語類》卷98、99〈張子之書〉部分。

〔註6〕　《宋元學案》第一冊卷12〈濂溪學案下〉（臺北：華世出版社，1987年9月，頁498）。

〔註7〕　朱子以「理氣二元」的思想結構解釋濂溪，將濂溪納入二元論體系。其實濂溪與橫渠論氣的觀念較接近，都屬於「理氣一元」的模式。近人牟宗三先生分理學爲「三系」，其中「縱貫」系統中的「由外向內」的明道系統就向上包括了濂溪與橫渠。可見在牟先生的觀念中，濂溪與橫渠論氣的思想結構是相通的。

〔註8〕　牟宗三先生稱「理氣一元」者爲「縱貫系統」，「理氣二元」者爲「橫貫系統」。

而船山的思想中帶有強烈的「以人為依歸」的「道器合一」的本質，因此使得其思想的發展終究無法接受「理氣二元」的結構。而由於中國人的思維始終落實於現實世界中的政治社會問題，因此中國的思想史基本上比較傾向於「理氣一元」。船山晚年思想的演進事實上也回到中國傳統「以氣為生化之本」的傳統觀念中來。探討船山在理學史上的地位，必須注意到其思想與這兩大思想脈絡之間的分合關係。

第二節　朱子對濂溪、橫渠思想的統合

　　船山紹述橫渠與朱子承襲濂溪對顯成不同的學術發展趨向——朱子欲合橫渠於濂溪——朱子對《正蒙》之不契——朱子以「理一分殊」解釋〈西銘〉——朱子以「仁」合〈西銘〉與〈太極圖說〉為一——濂溪〈太極圖說〉中的「宇宙生成」義啓發伊川、朱子的理氣結構

　　上文提及，濂溪〈太極圖說〉中的「太極生陰陽」的觀念經過朱子的詮釋之後，開發出以「太極」或「道」為首出觀念的理氣二元的思想結構。然而橫渠並不以「道」或「太極」為首出，而是以「氣」為首出。橫渠主張：宇宙之間不外太虛一實絪縕之氣，氣涵浮沉、升降、動靜相感之性能，而此氣化生萬物即成所謂「道」〔註9〕。橫渠之學從既已存有的理氣世界說起，一氣未生之前的世界存而不論；與濂溪「無極而太極」就未有天地之時說起略有不同。橫渠在此一方面實更近於先秦的觀念。然學術既變，自有其不得不然的趨勢。先秦兩漢學術以「道」為中心，重視現實世界的討論；魏晉以下，受佛老影響，進而注意到代表形上本體的「理」的觀念。因此朱子從濂溪〈太極圖說〉中的宇宙生成論的詮釋入手，承襲伊川「性即理也」的觀念，開啓了以下「理氣二元論」的源流，執理學學術之牛耳。而橫渠乃隻身孤懸，無紹述者，歷數百年而始得船山一人。關學之所以隱晦，船山雖指出乃由於橫渠素位隱居，不與當時鉅公耆儒相為羽翼之故〔註10〕，然而學術風氣的轉移與新方向的開啓，應該是最主要的原因。

　　故船山之紹述橫渠，乃與朱子之推尊濂溪形成了理學發展上的兩條路線。朱子雖開新局，然以先秦思想的角度而言，其實已算是歧出。而橫渠雖得船山羽翼，隱

〔註9〕 《正蒙・太和篇第一》：「由氣化有道之名」。《張載集》，頁9。

〔註10〕 船山《張子正蒙注・序論》曰：「學之興於宋也，周子得二程子而道著。程子之道廣，而一時之英才輻輳於其門，張子斅學於關中，其門人未有殆庶者。而當時鉅公耆儒如富、文、司馬諸公，張子皆以素位隱居而未由相為羽翼。是以其道之行，曾不得與邵康節之數學相與頡頏，而世之信從者寡」。《船山全書》第12冊，頁11～12。

然以之上通先秦，企圖代表先秦孔孟之舊學，然而也不能免於時代的影響，與眞正先秦孔孟儒學也無法完全相同；縱使船山推尊橫渠，二人之間的思想觀念也仍有異同。凡此都是因爲時代學術發展所遺留的問題激盪所造成。思想的發展有其時代性，不致於全異，但也不能盡同。

　　朱子既以「理氣二分」的架構解釋濂溪，進而又解釋橫渠，希望能以其理氣論貫串之，將橫渠合之於濂溪，而導學術於一途。朱子之學，博觀約取，對於各家之說，都盡量求其會通，這其實也是一般理學家的傳統〔註11〕，下至船山也不例外。然朱子與橫渠，學術路徑已然不同，其體用觀念又有極大的差異。而朱子卻強求其同，故其解釋自然與橫渠原義有所歧異。然而朱子合橫渠於濂溪，其實主要是在《西銘》，而不在《正蒙》。朱子強以其理氣二元論解釋橫渠「太虛」與「氣」的觀念，與張子自然產生捍格。《語類》云：

　　　　問：橫渠云太虛即氣，「太虛」何所指？曰：他亦指「理」，但說得不
　　分曉。問：太和如何？曰：亦指「氣」。曰：他又云由昧者指虛空爲性而
　　不本天道，如何？曰：既曰道則不是無。釋氏便直指空了。大要渠當初說
　　出此道理多誤。〔註12〕

朱子以「理」解釋「太虛」，這和以「理」解釋濂溪的「太極」如出一轍。橫渠以「氣」爲首山，氣因聚散而有「本體」與「客形」之分。散爲太虛，則是「本體」；聚爲萬物，則是「客形」。然橫渠「本體」與「客形」的關係並不是可以以形上、形下來加以分別的二元體系。「太虛」與「萬物」都是一氣之聚散，如冰與水，只是形式不同，並無實質不同。換言之，橫渠論氣，只分「本體」與「客體」，不分「形上」與「形下」；這與朱子以形上形下分理氣爲二元者截然不同。朱子將體用消融於其形上、形下之分別中，而橫渠則消融形上形下之分別於其體用之中〔註13〕。橫渠並不推高一層言「理」、「道」或「太極」，而直接以「氣」爲體，以氣之動能爲用。所謂「清、虛、一、大」指形「氣」的本體未形絪縕的狀態。而朱子以其嚴分形上形下的二元結構來衡量，當然產生疑慮。《語類》云：

〔註11〕理學家解釋前人思想「主同不主異」的原因，在於古人學術思想的目的在「教統」，不似今人只在「學統」。古人之學目的在於養士治民，改造政治社會，有其嚴肅的教化意義，故傾向於「主一」，「一」才能化人；今人在學術堆裡求衣食，故自然力求樹異於他人。

〔註12〕《朱子語類》第 7 冊卷 99〈張子書二〉，頁 2534。

〔註13〕可參考戴景賢先生《王船山之道器論》第一章（一），頁 23 頁。戴先生曰：「朱子乃將體用之觀念消化於其『形上』、『形下』之分別中，而船山則轉將『形上』、『形下』之分別融釋於其體用之觀念中也」。

問：橫渠有清虛一大之說，又要兼清濁、虛實。曰：渠初云清虛一大，
爲伊川詰難，乃云「清兼濁，虛兼實，一兼二，大兼小」。渠本要說形而
上，反成形而下，最是於此處不分明。又問：橫渠云：太虛即氣，乃是指
理爲虛，似非形而下。曰：縱指理爲虛，亦如何夾氣作一處。

或問：橫渠先生「清、虛、一、大」之說如何？曰：他是揀那大底說
話來該攝那小底，卻不知道纔是恁說，便偏了，便是形而下者，不是形而
上者。須是兼清濁、虛實、一二、小大來看，方見得形而上者行乎其間。
〔註14〕

朱子之意：形上之理無形，不可以「清」、「虛」言。蓋「清」與「濁」對，「虛」與
「實」對，凡相對者皆是有形，皆屬形下之氣。清、虛、一、大不宜用以描述形上
之理，朱子此處顯然是誤解。橫渠以「氣」爲體，太虛無形的「本體」與已成形器
的「客形」都不外是一氣，都是「體」，而其「用」即涵於「體」〔註15〕。故針對
伊川的詰難，橫渠乃答云：「清兼濁、虛兼實、一兼二、大兼小」。蓋清濁、虛實都
是「體」，都是能動化之氣，只是橫渠以太虛本體未分之氣爲氣之代表，故偏言「清、
虛、一、大」而已。朱子則誤解，認爲橫渠偏言一邊，反成形而下。故朱子於濂溪
之「太極」特多稱揚，而於橫渠之「太虛」則時有指摘。《語類》又云：

問：「橫渠太虛立說，本是說無極，卻只說得無字」。曰：「無極是該
貫虛實、清濁而言。無極字落在中間，太虛字落在一邊了，便是難說。……
明道說：『氣外無神，神外無氣；謂清者爲神，則濁者非神乎？』，後來亦
有人與橫渠說，橫渠卻云：『清者可以該濁，虛者可以該實』。卻不知形而
上者還他是理，形而下者還他是器。既說是虛，便是與實對了。既說是清，
便是與濁對了」。

又問：「無極、太極，只是一物？」，曰：「本是一物，被他恁地說，
卻似兩物」。〔註16〕

朱子對「無極」、「太極」的解釋雖未必符合濂溪的本意，然而太極、陰陽的體用觀
在解釋上確實較橫渠的體用觀稍近於朱子理氣二分的結構，因此朱子以爲濂溪的「太
極」落在中間，兼清濁、虛實而言；而橫渠論「太虛」則偏於清、虛一邊。朱子與

〔註14〕《朱子語類》第7冊卷99〈張子書二〉，頁2538。
〔註15〕此處所謂「用」指的是氣本身所涵的動靜相感之能，而「體」則指「氣」本身，橫
渠與船山以氣爲「體」，而以氣自涵的動能爲「用」，此種「體用觀」與朱子理氣論
之體用觀不同。前者之「體」是「體質之體」，而後者之「體」是「理體之體」。此
二者若能分別，則於朱子與橫渠之間的糾葛自可了然。
〔註16〕《朱子語類》第7冊卷99〈張子書二〉，頁2533。

橫渠在體用觀方面差異太大，故每每不能契於《正蒙》之所言〔註17〕。因此朱子欲合橫渠於濂溪，乃不得不轉而論《西銘》。

　　橫渠以萬物出於太虛一氣之聚散，主張萬物一體，橫渠此一觀念若溯其源，在中國思想史上可說是受莊子與墨家的影響〔註18〕。莊子認為萬物皆出於一氣之化，主張齊萬物之異而遊乎天地之一氣。而墨家主「兼愛」，也是建立在「萬物一體」的觀念上。惠施在歷史上被視為名家，然而由其主張「泛愛萬物，天地一體」，可知惠子其實是墨家的後學，此皆於橫渠之主「萬物一體」不無影響〔註19〕。墨家思想的要義之一在於打破儒家的「家庭」意識，進入相對上比較平等而開放的「社會」。換言之，墨家是解構家庭的。因此橫渠之作《西銘》，乃以「乾坤」為父母，將家庭解構而擴展至與天地為一。強調「萬物一體」的觀念，擴充一身之心、性，使與宇宙同其大。曰：「天地之塞吾其體，天地之帥吾其性」，人之形質雖是生化而成的客形，但也是充塞天地的太虛實氣之體；而性也是帥一氣之動之升降、相感之性凝於人而成者。橫渠從「體」、「性」兩方面以明人與天地一氣為體。並以「家庭」為喻，擴父母為乾坤，擴兄弟為君臣，擴同胞吾與為人民萬物，以顯示讀書人以天地為一家的胸懷。《正蒙》一書中的思想正是《西銘》此一觀念的基礎。而《語類》卻云：

> 或問〈西銘〉理一而分殊。曰：今人說只說得中間五六句理一分殊，據某看時，乾稱父、坤稱母，直至存吾順事，沒吾寧也，句句皆是理一分殊。喚做乾稱、坤稱，便是分殊。如云知化則善述其事，是我述其事；窮神則善繼其志，是我繼其志。又如存吾順事，沒吾寧也，以自家父母言之，生當順事之，死當安寧之；以天地言之，生能順事而無所違拂，死則安寧也。此皆是分殊處，逐句渾淪看，便見理一，當中橫截斷看，

〔註17〕 《語類》云：「或問：《正蒙》中說得有病處，還是他命辭不出有差，還是見得差？曰：他是見得差」，又云：「《正蒙》所論道體，覺得源頭有未是處，故伊川云：『過處乃在《正蒙》』。答書之中云：『非明睿所照，而考索至此』。蓋橫渠卻只是一向苦思求將向前去，卻欠涵泳以待其義理自形見處」。（《朱子語類》卷99〈張子書二〉，頁2532）。

〔註18〕 先秦儒家不言萬物為一體。如《中庸》言：「唯天下至誠，為能盡其性，能盡其性，則能盡人之性；能盡人之性，則能盡物之性；能盡物之性，則可以贊天地之化育；可以贊天地之化育，則可以與天地參矣」，又云：「致中和，天地位焉，萬物育焉」，皆以「人」為本位，推而及於「物」，然後再至於「參贊」天地。既云「參贊」，可知不以天地萬物為「一體」，而是以「人」為天地之樞紐。《易傳》之言「三才」也歸結於聖人之裁成。故《中庸》、《易傳》所言不近橫渠，反近於船山以「人」為本而「知明處當」之說。船山不主「萬物一體」之說。先秦言「萬物一體」者蓋始出於墨家與道家中的莊子。

〔註19〕 請參看錢穆先生《〈正蒙〉大義發微》，該文收入《中國學術思想史論叢》第五冊，頁110。

便見分殊。〔註20〕

朱子以「理一分殊」解釋《西銘》，其實未能符合橫渠的原義〔註21〕。橫渠從「體」、「性」兩方面論萬物爲一體，目的在於擴大其心性，使與天地爲一體，以得生命之全；其意義不在「分殊」，也不在「理一」。朱子之「理」，是一箇淨潔空濶的世界，而橫渠的「天性」則是天地之間內涵動靜相感之性的氣能。《西銘》所欲言者其實是「氣一」，而不是「理一」。故朱子以其所謂「理」來解《西銘》，恐不能得橫渠之眞義。

朱子又以「生生不息之仁」來解釋「理一」，以「仁」指那天理流行處，以「義」指合當做處，用來解釋《西銘》。雖在《西銘》之中未見有太大的衝突之處，然求之於《正蒙》之文字則未能得其確証。然朱子仍企圖以此一觀念結合〈西銘〉與〈太極圖說〉爲一，《語類》云：

> 無極而太極，而今人都想像有箇光明閃爍底物事在那裏，卻不知本是說無這物事，只是有箇「理」，解如此動靜而已。及至一動一靜，便是陰陽。一動一靜，循環無端。……自有天地，便只是這物事在這裏流轉。……滾滾將去，如水車相似，一箇起，一箇倒，一箇上，一箇下。其動也，便是中、是仁；其靜也，便是正、是義。……

> 蓋聖人之動便是元亨，其靜便是利貞，都不是閒底動靜。所謂繼天地之志，述天地之事，便是如此。如知得恁地便生，知得恁地便死；知得恁地便消，知得恁地便長，此皆是繼天地之志。隨他恁地進退消息盈虛，與時偕行。小而言之，飢食渴飲，出作入息；大而言之，君臣便有義，父子便有仁。此都是述天地之事。只是這箇道理，所以君子修之便吉，小人悖之便凶。……大化恁地流行，只得隨他恁地。故曰：存心養性，所以事天也，夭壽不貳，修身以事之，所以立命也。這與《西銘》都相貫穿，只是一箇物事。……周先生〈太極〉〈通書〉，便只是滾這幾句。《易》之爲義，也只是如此。只是陰陽交錯，千變萬化，皆從此出。〔註22〕

引文中所描述的其實只是飢食渴飲，品物流行，天地萬物的生生不息，或者是君臣父子，人情事理，人類社會的盈虛消息，這些都是萬事萬物之分殊，而引文中屢次提到的所謂「這箇物事」，指的是「理一」。而這個在理一之下的生生不息的分殊，

〔註20〕《朱子語類》第7冊卷98〈張子書一〉，頁2522。
〔註21〕若就人生之修養而言，朱子以「理一分殊」解釋《西銘》尚無多大問題；然而若就宇宙天道方面而言，則朱子的解釋可能問題較多。
〔註22〕《朱子語類》第7冊卷116〈訓門人四〉，頁2794～2796。

朱子即稱之爲「仁」。濂溪的〈太極圖說〉、〈通書〉，以及橫渠的〈西銘〉都可以在「理一分殊」的結構中以「仁」加以統攝。

然朱子既然以「理」爲靜態的世界，如何能有生生不息之仁？引文中朱子曾言「只是有箇理，解如此動靜而已，及至一動一靜，便是陰陽」，「理」解動靜，然動靜者不即是理，而是「陰陽」。動靜皆須依理，理即在動靜之陰陽中。由此看來，朱子雖主理氣二分，然「理」仍須於「氣」中論。因此所謂「這個物事」，其實也可通指「理」和「陰陽」〔註23〕；然並不害其以太極爲「只是理」，而以《西銘》爲「理一分殊」。朱子以「理」爲靜存之理，並不表示宇宙不動化，止是將動化之能歸於形下之氣而已。朱子「理一分殊」的理氣論同樣可以解釋生生不息的宇宙。

這種體用觀是受北宋以前佛教思想長期的刺激與影響下，逐漸醞釀發展而成的一個新的思想結構，始於伊川〔註24〕，而大成於朱子。濂溪雖處北宋理學之先，然受道家思想的影響，已無法固守先秦學術之舊路。而其受道家影響最明顯者則爲宇宙「生成」觀念的加入。此「宇宙生成」觀念的加入，雖不害其「道氣合一」的結構，然「太極」與「陰陽」體用分說的立論模式，正好提供了伊川、朱子新的理學思想結構的開發。故濂溪之學雖仍有不同於伊川、朱子之處，而且程朱對濂溪著作的解釋也還有許多商榷之餘地，然濂溪之學於程朱有前導之功，固亦不能磨滅。程朱之所以異於濂溪，正是由濂溪至程朱思想發展的過程。

第三節　船山思想最後歸結於「心幾之感應」

　　船山推尊橫渠是因爲認爲橫渠的宇宙論較朱子濂溪更近於先秦——
船山推尊橫渠與其闢佛老之間的關係——船山合濂溪於橫渠——船山用
以解釋濂溪「太極」的「乾坤並建」說並不全合於橫渠論氣之觀念——船

〔註23〕　朱子言「仁」，通常以「理」兼「氣」而言。因「仁」代表生生不息，基本上是動化的，而「理」則止是靜態的所以然。《語類》卷六云：「人之所以爲人，其理則天地之理，其氣則天地之氣。理無跡，不可見，故於氣觀之。要識仁之意思，是一個渾然溫和之氣，其氣則天地陽春之氣，其理則天地生物之心」。（頁111）

〔註24〕　此一理氣二元的思想結構首先由伊川提出。伊川之所以將「本體」向上推高一層，與形下世界形成二元，其原因在於有意避開禪宗「作用是性」的影響。佛教思想，體用一如，未悟之前，全體是迷，見性之後，無非是悟。其心雖入勝義，而身不離世俗，因此擎拳豎拂，搬柴運水，無不是道，工夫所至，即是本體。如此則工夫之過程義不顯，恐令學者起好高騖遠，不肯實下工夫之弊。因此伊川乃將本體向上推高一層，使成一靜態之指導之理，而令學者得以在現實世界中老實下工夫。由此可見，理學的發展也可能受到佛教思想的影響。

山思想導向先秦以「人」爲本位的舊轍而與橫渠不同所代表的意義——船山論「感應」的問題——船山論感應歸結於心之「動幾」——從船山言「心幾之感應」論其思想取向近於陽明在思想史上的解釋——結語

橫渠約與濂溪同時，處於北宋理學的前期。然其體用觀念與濂溪有所不同。前文提及，濂溪受道家影響，以「生成義」分言太極與陰陽，因而啓發程朱理氣二分之說。而橫渠則恪守先秦「性氣合一」的觀念，以「氣」爲首出，因此「道」的地位大爲降低〔註25〕。橫渠與濂溪同屬北宋理學之先鋒，然二人之學卻代表理學發展的兩個方向。橫渠雖守先秦「性氣合一」的觀念，然其以「氣」爲首出，打落「道」的地位，已非先秦之舊貌；而其超越「人」的特出地位，進而論「萬物一體」，將先秦的「人性」觀念，推高而爲就天地一實之氣動化而言的「天性」觀念，也和先秦不同。而橫渠竟因學術方向的轉移，不得後人紹述。橫渠之學較之濂溪，雖不能謂其近於先秦多少，然若比之於伊川、朱子，則橫渠確實較近於先秦之學。故船山處明末宗社既屋，學術靡廢之時，痛定思痛，歸宗於橫渠，思欲祧橫渠而祖先秦孔孟之正學。船山之時，程朱之學已經歷數百年，其間又與陽明、佛老之學相激盪，至此也已非舊貌。船山於《正蒙注・序論》中曾云：

> 宋自周子出，而始發明聖道之所由，一出於太極陰陽人道生化之終始。二程子引而申之，而實之以靜一誠敬之功。然游、謝之徒，且歧出以趨於浮屠之蹊徑。故朱子以格物窮理爲始教，而檗括學者於顯道之中。乃其一再傳而後流爲雙峯、勿軒諸儒，逐跡躡影，沉溺於訓詁。故白沙起而厭棄之，然而遂啓姚江王氏陽儒陰釋誣聖之邪說。其究也，爲刑戮之民，爲閹賊之黨，皆爭附焉。而以充其無善無惡，圓融理事之狂妄，流害以相激而相成，則中道不立，矯枉過正有以啓之也。
>
> 人之生也，君子而極乎聖，小人而極乎禽獸。然而吉凶窮達之數，於此於彼，未有定焉。不知所以生，不知所以死，則爲善爲惡，皆非性分之所固有，職分之所當爲，下焉者何弗蕩棄彝倫，以遂其苟且私利之欲。〔註26〕

船山於上文中，將明季學術腐敗之狀全盤托出。攻擊明末的王學，批評其在「無善無惡心之體」的觀念下「中道不立」。船山指陽明之學爲「陽儒陰釋誣聖之邪說」，此不止於駁陽明，而更以斥釋氏。船山處於此一學術氛圍之下，懲於明季王學末流空言心

〔註25〕《正蒙・太和篇》云：「由太虛有天之名，由氣化有道之名」，橫渠以「太虛」爲「天」，「天」有創造萬物的功能，而「道」只成爲氣化分理之名。「道」只是氣化過程中所現的理則，而不是先秦所言宇宙命化的根源者。

〔註26〕《船山全書》第12冊《張子正蒙注・序論》，頁10～11。

體，不務實學，因此不欲如濂溪、程朱等人多言形上之「理」或「太極」，以免再度陷入空無。故船山雖於早、中期之時，尊奉朱子不輟，然其於朱子之理氣論實不能深相契。前文曾言，船山雖不契於朱子之論「理」，而仍尊奉朱子，其目的是因為朱子表章《大學》、《中庸》格物致知之學，可藉以駁斥二氏。故船山之尊朱子，實不如一般斷斷於「朱陸異同」者之祖朱。因此當船山晚年研《易》有新得，且漸契入張子《正蒙》之時，發現橫渠「性氣合一」的思想比起朱子的格物之學，更能在宇宙天道的基本理論方面破斥佛老之空無，自然很容易脫離朱子而歸向橫渠。朱子雖然崇尚格致之實學，然其理氣二元的主張，在船山看來其末流其實更易流入於二氏空言理體之窠臼，故其所謂「貞生死之中道」乃不得不求之於橫渠。《正蒙注・序論》又曰：

> 故《正蒙》特揭陰陽之固有，屈伸之必然，以立中道，而至當百順之
> 大經皆率此以成。故曰：率性之謂道。天之外無道，氣之外無神，神之外
> 無化。死不足憂，而生不可罔。一瞬一息，一宵一晝，一言一動，赫然在
> 出王游衍之中，善吾伸者以善吾屈。然後知聖人之存神盡性，反經精義，
> 皆性所必有之良能，而為職分之所當修。〔註27〕

前文曾言，船山一生的學術與其對佛老的破斥始終有不可分離的關係。船山可以由宗朱子轉而宗橫渠，也可以由陰陽一氣而改主陰陽為二氣，然其必不可動搖者，則為其與佛老、王學對抗的立場。船山之所以獨契橫渠，正以其能「揭陰陽之固有，屈伸之必然」，以「性所必有之良能」立其「中道」。船山破斥佛老，以其「只知體虛空為性，不知本天道為用」，老氏「徇生執有」，釋氏則「銷礙入空」，皆偏有、無一邊。若能明白性命之原只是陰陽二氣的聚散屈伸，則聚亦吾體，散亦吾體，而得於天者健順之良能固未嘗損益。如此則可貞生死，立中道，而不流於二氏之空無。船山之所以深契橫渠，晚年思想之所以改向，其實關聯著一個其一生都始終未曾改變的「闢佛老異端，返孔孟正學」的職志，研究船山思想者不可不知此一思想脈絡。

　　橫渠處北宋之初，其學頗得先秦之風貌，然因當時學術思想的方向主要在程朱之學，而致使學者之信從者寡，不得後學之紹述。而朱子集理學之大成，執當時學術界新方向的牛耳，故以其主觀的理氣論解釋濂溪，並欲縮橫渠於濂溪，使理學定於一。只因當時關學寥落，故無人可與朱子相抗衡。然程朱之學歷數百年之發展，佛老之學仍有其不可忽視的影響力，而陸王之學又相繼代興，學風更迭，勢窮則變。船山處學術破敗之餘，乃有回復先秦孔孟思想之要求。其推尊橫渠，以之遠紹先秦，即是此種學術演變下的反應。

〔註27〕　《張子正蒙注・序論》，頁 11。

　　船山既歸宗橫渠，乃亟思恢復橫渠所代表的先秦正學。前已言之，理學家一般都有寧求其同，不樹其異的傾向，朱子如此，船山也不例外。故朱子宗〈太極圖說〉，欲以濂溪統合橫渠，以發揚其理氣二分的思想結構。而船山則恰相反，企圖以濂溪合之於橫渠，而大闡其「乾坤並建」、「陰陽二氣」之學說。船山於《正蒙・太和篇》題注云：

　　　　此篇首明「道」之所自出，「物」之所自生，「性」之所自受。而作聖
　　之功，下學之事，必達於此，而後不為異端所惑，蓋即〈太極圖說〉之旨，
　　而發其所函之蘊也。〔註28〕

船山注《正蒙》，開宗明義在首篇的題注中即指出橫渠此篇之旨在於闡發〈太極圖說〉所函之蘊，可見船山聯結橫渠與濂溪二人思想的企圖。然而，船山既主橫渠，又以陰陽二氣為首出，陰陽之上再無「太極」的地位，故於濂溪的「太極」觀念必須另做解釋。

　　船山於是以橫渠的「太和」來解釋「太極」。因橫渠的「太和」並不是高於陰陽之上的「道體」，「太和」只是太虛一氣絪縕之全體。船山以陰陽二氣為宇宙天地生化的根源，「太極」乃成為陰陽二氣絪縕渾淪之全體，正與橫渠「太和」的觀念相通，此即船山強合濂溪於橫渠之處。船山注《正蒙・太和篇》首章「太和所謂道」時曰：

　　　　太和，和之至也；道者，天地人物之通理。即所謂太極也。陰陽異撰，
　　而其絪縕於太虛之中，合同而不相悖害，渾淪無間，和之至矣。未有形器
　　之先，本無不和，既有形器之後，其和不失，故曰太和。〔註29〕

船山將「太和」與「道」都以「太極」來解釋。不僅將「太極」降為陰陽渾淪的全體，「道」也失去陰陽之主持分劑者的地位，與「太極」同指「天地人物之通理」。船山又曰：

　　　　若其在天而未成乎形者，但有其象，絪縕渾合，太極之本體，中函陰
　　陽自然必有之實，則于太極之中，不昧陰陽之象，而陰陽未判，固即太極
　　之象。〔註30〕

　　　　自太和一氣而推之，陰陽之化自此而分。陰中有陽，陽中有陰，原本
　　於太極之一。〔註31〕

引文中最重要的在「陰陽未判，固即太極之象」、「陰中有陽，陽中有陰，原本於太

〔註28〕《船山全書》第 12 冊《張子正蒙注・太和篇》，頁 15。
〔註29〕《船山全書》第 12 冊《張子正蒙注・太和篇》，頁 15。
〔註30〕《船山全書》第 12 冊《張子正蒙注・參兩篇》，頁 45～46。
〔註31〕《船山全書》第 12 冊《張子正蒙注・參兩篇》，頁 47。

極之一」兩處文字。船山已經以陰陽爲二氣，但是爲了解釋「太極」，以便將濂溪與橫渠思想結合，因此將太極解釋成「陰陽未判」，其實這只是表示「陰陽之渾淪」，並不是「陰陽爲一氣」。船山如此解釋「太極」，正好接上了橫渠「太和」的觀念。

船山以「太極」爲只是宇宙渾淪的大背景，也可在《周易內傳》中得其證：

> 太極之名，始見於此，抑僅見於此，聖人之所難言也。「太」者，極其大而無尚之辭，「極」，至也；語道至此而盡也，其實陰陽之渾合者而已。
>
> 故周子又從而贊之曰：無極而太極，陰陽之本體，絪縕相得，和同而化，充塞於兩間，此所謂太極也。張子謂之太和，中也，和也，誠也，則就人之德以言之，其實一也。……非太極爲父，兩儀爲子之謂也，陰陽無始者也，太極非孤立於陰陽之上者也。〔註32〕

船山強調「太極，其實陰陽之渾合者而已」，同時又強調陰陽「各有其體」，船山以「陰陽並建」之說解釋濂溪的太極，同時牽合橫渠的「太和」，認爲與濂溪的「太極」觀念「其實一也」。這代表船山企圖以橫渠解釋濂溪，而合濂溪於橫渠，然而這其實並不是濂溪〈太極圖說〉的原意。船山推尊橫渠，以「氣」爲首出，非另有孤立於氣之上的命動者；故一切傳統思想中高於陰陽之上的命化者，都必須降而爲與陰陽平行的渾淪的大背景如所謂「太極」，或者是氣化所形成的分理如所謂「道」。

然船山與橫渠二人因爲在陰陽爲「一氣」或「二氣」的主張上的不同，導致二人在宇宙論、心性論、甚至認知論上產生歧異。故船山強調陰陽之氣的至足渾淪，以解釋濂溪的「太極」，並以之合於橫渠的「太和」觀念。此一說法，如就「陰陽可以爲渾淪之一氣」而言，可謂是橫渠義；如果是就「陰陽渾淪爲一即是太極」，是濂溪義；然如果就「乾坤並建爲太極」，強調乾坤各有其不同的體性，各自至足渾淪於天地之間，則是船山義。由此可見《正蒙注》中船山之主張「乾坤並建爲太極」，事實上只是船山藉濂溪、橫渠的文字証成己說而已。其於濂溪固是曲解，也不符合橫渠之意。

船山曰：

> 有無混一者，可見謂之有，不可見遂謂之無；其實動靜有時，而陰陽常在，有無無異也。誤解〈太極圖說〉者，謂太極本未有陰陽，因動而始生陽，靜而始生陰。不知動靜所生之陰陽，乃固有之蘊，爲寒暑、潤燥、男女之情質，其絪縕充滿在動靜之先。動靜者，即此陰陽之動靜，動則陰變於陽，靜則陽凝于陰。一震、巽、坎、離、艮、兌之生於乾坤也。非動

〔註32〕《船山全書》第1冊《周易內傳‧繫辭上傳第十一章》，頁561～562。

而有陽，靜而後有陰，本無二氣，由動靜而生，如老氏之説也。〔註33〕

船山解釋〈太極圖說〉中的「太極動靜而生陰陽」，不主張陰陽因動靜而有，卻主張「陰陽」先「動靜」而有其「固有之蘊」，即所謂「靜存之體」。由上引之文觀之，船山並非以濂溪証橫渠，而是以濂溪証己說，只不過是其中藉橫渠為橋樑而已。而船山即以其晚年分陰陽為截然二氣的新主張，闡發其「乾坤並建，以統六子、五十六卦」之說。船山曰：

> 三才之道，氣也，質也，性也，其本則健順也。純乎陽而至健立，純乎陰而至順立。周易並建乾、坤於首，無有先後，天地一成之象也。〔註34〕

> 乾坤並建，陰陽六位各至足以隨時而相為隱顯以成錯綜，則合六十四卦之德於乾坤，而達乾坤之化於六十有二。〔註35〕

船山認為「乾坤」為六十四卦之主，其各自的陰陽六爻即是陰陽在動靜之先就已固有的靜存之體，為「六十四卦之德」，因此可以「達乾坤之化於六十有二」。由此可知，「乾坤並建為太極」可說是船山「陰陽為二氣」的觀念在《易經》之中的運用與發揮。

船山寫作《周易外傳》時已經提出「乾坤並建」之說，然彼時尚未主張陰陽為二氣，仍承認「道」之於陰陽有主持分劑之功，故「乾」、「坤」皆以「知」、「能」言。然至《正蒙注》之時，船山已主陰陽為二氣，故「乾坤並建」，陰陽分說，強調陰陽六位「各」具足於宇宙渾淪之中。上引之文中「乾坤並建，陰陽六位各至足以隨時相為隱顯以成錯綜」之「各」字即可說明船山此時重提的「乾坤並建」已改就陰陽的分殊體性來論述。陰陽既為二氣，其「才質」、「性情」、「功效」都不同，若論天地之「知能」，也是陰陽各有其知能，而不是如《外傳》時以陽主「知」，而以陰主「能」。船山晚年「乾坤並建」的新說大闡於《周易內傳》，文字屢屢可見〔註36〕。其觀念與《正蒙注》中所言者相同，只是《內傳》論述較為詳細而已。

船山於「乾坤並建」的思想中，不但強調乾坤首出於萬物，為一切生化之源，而降「太極」為只代表陰陽渾淪的宇宙全體，不承認其高於陰陽之上的地位，更強調陰陽的殊性，「各」至足於宇宙渾淪之氣中，此為其晚年「乾坤並建」說異於其早

〔註33〕 《船山全書》第 12 冊《張子正蒙注‧太和篇》，頁 24。
〔註34〕 《船山全書》第 12 冊《張子正蒙注‧大易篇》，頁 276。
〔註35〕 《船山全書》第 12 冊《張子正蒙注‧大易篇》，頁 282。
〔註36〕 《周易內傳》卷 5〈繫辭上傳第一章〉「天尊地卑，乾坤定矣」下船山即有一長文大闡「乾坤並建」之說（頁 506）。此外其餘部分也時時可見此一觀念之闡述。

年《周易外傳》時的最大特點。

　　船山晚年受橫渠影響，以氣爲首出，又主陰陽爲二氣，不再討論「道」或「太極」。船山推高「氣」的地位，固是受橫渠「太虛即氣」觀念的影響；然而主張陰陽爲自始已分之二氣，則是船山晚年的新創，在思想史上幾乎未嘗有人言者〔註37〕。船山雖注《正蒙》而歸宗於橫渠，然二人之思想也有差別。因此船山主陰陽爲二氣，大闡乾坤並建以統太極之說，並強調陰陽二氣之殊性，在理學的發展史中應有不同於橫渠的學術地位與意義。

　　船山在尚未主張「陰陽爲二氣」的時期，基本上仍尊重「道的主持分劑夫陰陽」的意義，代表彼時仍承認宇宙天地有某一程度的「合一性」與「整體性」。然船山思想中自始即有濃厚的「萬物不相爲一」的主張〔註38〕，因此以「道」來代表宇宙天地的「合一性」與「整體性」的意義，其實自始即十分薄弱。所謂「合一性」、「整體性」最多只是代表「萬物同出一源」，而不是「萬物可相通以歸於一」或「萬物爲一體」。

　　因此在「萬物不相爲一」，「物與我不共命」的觀念之下，船山自然提升了「人」在萬物中的特出地位，而以「人」爲天地的「定位者」。故船山乃改變方向，廢「道」不講，而專以「陰陽二氣」爲宇宙大化的根源。前文曾提及，船山雖推尊橫渠，然僅止於以「氣」爲首出的觀念，對於「天地萬物爲一體」的主張則根本背棄。《西銘》爲橫渠發揮「萬物一體」思想最具代表性的文字，然船山注〈西銘〉時並未發揮其擴家庭爲天地的所謂「萬物一體」的思想，反而逆向操作，歸「乾坤之德」於「父母之恩」，而盡窮神知化之致於孝道，以爲君子修身立命，存心養性之功莫切於「事親」。船山於《正蒙注・乾稱篇》題注中曰：

　　　　竊嘗沈潛體玩，而見其立義之精。其曰：「乾稱父，坤稱母」。初不曰：
　　「天吾父，地吾母」也。從其大者而言之，則乾坤爲父母，人物之胥生，
　　生於天地之德也固然矣；從其切者而言之，則別無所謂乾，父即生我之乾，
　　別無所謂坤，母即成我之坤。惟生我者其德統天以流形，故稱之曰父；惟

〔註37〕　朱子弟子黃榦〈復楊志仁書〉曰：「太極不可名狀，因陰陽而後見，一動一靜，一晝一夜，以至於一生一死，一呼一吸，無往而非二也。如是，則二者，道之體也。非其本體之二，何以使末流無往不二哉！」（引自《宋元學案》卷 63。臺北：華世出版社，1987 年 9 月，頁 2032）。在中國思想史上明白主張「道體是二」者，黃勉齋應是第一人。此一觀念與船山「二氣說」異曲同工，可謂是船山思想的先導。

〔註38〕　《周易外傳》主張「萬彙各有其善，不相爲知，而亦不相爲一」，《大全說》也主張「一本萬殊，而殊不可復歸於一」。船山這樣的主張到晚年作《周易內傳》及《正蒙注》之時也沒有多大改變。

成我者其德順天而厚載，故稱之曰母。故書曰：「唯天地萬物父母」。統萬物而言之也。詩曰：「欲報之德，昊天罔極」，德者健順之德，則就人之生而切言之也。盡敬以事父，則可以事天者在是；盡愛以事母，則可以事地者在是；守身以事親，則所以存心養性而事天者在是；推仁孝而有兄弟之恩、夫婦之義、君臣之道、朋友之交，則所以體天地而仁民愛物者在是。人之與天，理氣一也。而繼之以善，成之以性者，父母之生我，使我有形色以具天性者也。理在氣之中，而氣爲父母之所自分，則即父母而溯之，其德通於天地也，無有閒矣。若舍父母而親天地，雖極其心以擴大而企及之，而非有惻怛不容已之心動於所不可昧。是故於父而知乾元之大也，於母而知坤元之至也。此其誠之必幾，禽獸且有覺焉，而況於人乎！故曰：「一陰一陽之謂道」。乾、坤之謂也；又曰：「繼之者善，成之者性」，誰繼天而善吾生？誰成我而使有性？則父母之謂矣！繼之成之，即一陰一陽之道。則父母之外，天地之高明博厚，非可躐等而與之親。而父之爲乾，母之爲坤，不能離此以求天地之德，亦昭然矣！

張子此篇，補周子天人相繼之理，以孝道盡窮神知化之致，使學者不捨閨庭之愛敬，而盡致中和以位天地、育萬物之大用，誠本理之至一者以立言，而闢佛老之邪迷，挽人心之橫流。眞孟子以後所未有也。惜乎程朱二子引而未發，未能洞示來茲也。〔註39〕

船山在〈西銘〉末之跋注中又言：

此章切言君子修身立命，存心養性之功，皆吾生所不容已之事，而即心以體之，則莫切於事親。〔註40〕

細讀以上引文，可知船山完全將乾坤大化落實在生我育我的「父母」之上，不以父母言天地，反以天地言父母。船山對《西銘》的解釋基本上是以「人」的世界爲依歸的，這與其晚年之時，欲力挽學術使之回復於先秦以「人」爲主的傾向的努力有重大的關係。先秦儒家學術基本上以「人」爲主，不討論萬物一體的問題，只重視人如何「位育」天下之物。既然討論如何「位育」，則人與萬物自然不是一體；然而人與萬物如果始終互不相涉，則對萬物也不能「知明處當」、「折衷不惑」，因此也不能不主張「萬物同出於一源」。因此船山提出「萬物同源」，吾心全具萬物之理，可以使萬物各得其宜的主張，其實即是先秦「位育萬物」、「各正性命」的舊觀念。因此船山推尊橫渠，而又不全取橫渠，實有其思想發展史上的意義。在船山此一觀念

〔註39〕《船山全書》第 12 冊《張子正蒙注・乾稱篇》，頁 352～353。
〔註40〕《船山全書》第 12 冊《張子正蒙注・乾稱篇》，頁 357。

之下，「人道」較「天道」更受重視。船山曰：

> 性者天道，心者人道。天道隱而人道顯。〔註41〕

這是船山解釋〈誠明篇〉「心能盡性，人能弘道也；性不知檢其心，非道弘人也」的注文。另外《周易內傳》也說：

> 天道無擇，而人道有辨。〔註42〕

凡此都可見船山思想的歸宿不在「宇宙自然界」，而在「人生界」。「性」來自天命，只能代表人的「本質」，故「無擇」；而「心」才是有知覺的「主宰」，故能「有辨」。船山這種向現實世界的「人」傾斜的思維方向，一方面是對數百年來宋明理學在宇宙天道上過度發展的反思，一方面也是對佛教哲學中涅槃解脫的出世思想的對抗。

天道無擇，任運而化；而人則可以「裁成天地之道，輔相天地之宜」，人道既是「有辨」，故必須論「志」：

> 氣者，天化之撰；志者，人心之主。勝者相爲有功之謂。唯天生人，天爲功於人，而人從天治也。人能存神盡性以保合太和，而使二氣之得其理，人爲功於天而氣因「志」治也。〔註43〕

「氣」雖已固函動靜之能，然既落於人之身，則氣之動靜受人之「志」統御，此即所謂「氣因志治」。此一觀念對船山落實於「人道」的思想傾向又做了一個很好的注腳。

上來所述，可知船山之學導歸於「人」，已無疑義。然若欲知其思想的終究取向，則仍須進一步就其論「感應」的觀念中加以考索：

船山既將陰陽二氣截然分開，則宇宙萬化自然必須建立在二氣本身的「交互作用」之上，即所謂「推盪」、「摩盪」，在《正蒙注》中船山稱之爲「感應」。其曰：

> 健順性也，動靜感也。陰陽合於太和而相容，爲物不貳，然而陰陽已自成乎其體性，待感而後合以起用。天之生物，人之成能，非有陰陽之體，感無從生；非乘乎感以動靜，則體中槁而不能起無窮之體。體生神，神復立體；由神之復立體，說者遂謂初無陰陽，靜乃生陰，動乃生陽。是徒知感後之體，而不知性在動靜之先，本有其體也。〔註44〕

又曰：

〔註41〕《船山全書》第12冊《張子正蒙注・誠明篇》，頁124。
〔註42〕《船山全書》第1冊《周易內傳・繫辭上傳第五章》，頁529。
〔註43〕《正蒙・太和篇》「氣與志，天與人，有交勝之理」句船山注。頁44。
〔註44〕《船山全書》第12冊《張子正蒙注・可狀篇》，頁366。

> 至虛之中，陰陽之撰具焉，絪縕不息，必無止機。故一物去而一物生，一事已而一事興，一念息而一念起，以生生無窮，而盡天下之理，皆太虛之和氣必動之幾也。陰陽合而後仁義行，倫物正，感之效也，無所不合，感之周徧者也，故謂之「咸」。然則莫妙於感，而大經之正，百順之理在焉。〔註45〕

船山主張「體」和「感」、「性」與「神」的體、用之間是相資而生的，體生神，神復立體，生化無一息之間，其感應亦無止機。天地萬物及其瞬息萬變的現象都是宇宙陰陽二氣基於不斷變異的時位所產生的感應。船山又曰：

> 天地之寒暑，雨暘、風雷、霜露、生長、收藏，皆陰陽相感以爲大用。萬物之所自生，即此動幾之成也。故萬物之情，無一念之間，無一刻之不與物交；嗜欲之所自興，即天理之所自出。耽嗜欲者迷於一往，感以其叢然之聞見而不咸爾，非果感之爲害也。若君子瞬有存，息有養，晨乾夕惕，以趨時而應物，則即所感以見天地萬物之情，無物非性所皆備，即無感而非天道之流行矣！蓋萬物即天道以爲性，陰陽具於中，故不窮於感，非陰陽相感之外，別有寂然空窅者以爲性。〔註46〕

船山以天地萬物皆陰陽感應之「動幾」所成，這本是從宇宙天地的生化說起，然因「萬物即天道以爲性」，故「感應」也可以落在「心性」上論，於是船山曰：「即所感以見天地萬物之情，無物非性所皆備」。船山又曰：

> 我之性，萬物之性，皆不越陰陽健順之二端。〔註47〕

乾坤之性即我之性，故天地之感應即是吾性中之感應，而吾「性」中之感應，即吾「心」之感應，故船山曰：

> 心函絪縕之全體而特微爾，其虛靈本一，而情識意見成乎萬殊者，物之相感，有同異，有攻取，時位異而知覺殊，亦猶萬物爲陰陽之偶聚而不相肖也。〔註48〕

上文船山論「性」之感應時說：「即所感以見天地萬物之情，無物非性所皆備」，而此處論「心」之感應時則曰：「其虛靈本一，而情識意見成乎萬殊」。觀此可知：同樣是論「感應」，在「性」之時強調「皆備」，而在「心」之時則強調「萬殊」。由此可見，船山思想落實在「人」的眞正意義其實是落在「人心的感應之幾」上。

〔註45〕《船山全書》第 12 冊《張子正蒙注‧可狀篇》，頁 364～365。
〔註46〕《船山全書》第 12 冊《張子正蒙注‧可狀篇》，頁 365～366。
〔註47〕《船山全書》第 12 冊《張子正蒙注‧可狀篇》，頁 365。
〔註48〕《船山全書》第 12 冊《張子正蒙注‧太和篇》，頁 43。

　　船山既就人之心、性論感應，則「盡心知性」的達成也不能離於「感應」而論，
故船山又言「感應之正」，其曰：

> 屈伸動靜，感也；感者，因與物相對而始生，而萬物之靜躁、剛柔、
> 吉凶、順逆，皆太和絪縕之所固有，以始於異而終於大同。則感雖乘乎異，
> 而要協於一也。是以神無不妙，道無不通，皆原於性之無不體，在天者本
> 然，而人能盡性體道以窮神，亦惟不失其感之正爾。〔註49〕

「心」的感應雖靜躁萬殊，然「始於異而終於大同」，必「協於一」，此所謂「同」
即是「感應之正」。由此觀之，船山雖然主張萬事決於人心感應萬殊之「幾」，然此
萬殊之幾背後仍然有一做為人類道德原則的「感應之正」。前之引文中船山曾云：「耽
嗜欲者迷於一往，感以其蕞然之聞見而不咸爾，非果感之為害也」，感應能得其正，
船山謂之「咸」〔註50〕，即所謂「倫物正，感之效也；無所不合，感之周徧者也」，
盡心知性者，得感之正者也，而耽嗜慾者，則是得感之不正。「感」的本身不為害，
因為「感」不即是善惡；感而正者為「善」，不正者才是「惡」。而感應之「正」與
「不正」，即所謂「幾」，船山曰：

> 絪縕之中，陰陽具足，而變易以出，萬物不相肖而各成形色，並育於
> 其中，隨感而出，無能越此二端。人心萬殊，操縱、取舍、愛惡、慈忍，
> 一唯此陰陽之翕闢，順其理則為聖，從其妄則為狂，聖狂之分，在「心幾
> 變易」之間，非形色之有善惡也。〔註51〕

又曰：

> 天下之物，皆天命所流行，太和所屈伸之化，既有形而又各成其陰陽
> 剛柔之體，故一而異。惟其本一，故能合；惟其異，故必相須以成而有合。
> 然則感而合者，所以化物之異而適於太和者也，非合人倫庶物之異而統於
> 無異，則仁義不行。資天下之有以用吾之虛。〈咸〉之〈象辭〉曰：「觀其
> 所感而天地萬物之情見矣」，見其情乃得其理，則盡性以合天者，必利用
> 此「幾」而不容滅矣！〔註52〕

形色非有善惡，聖、狂之分在「心幾變易」之間，盡性以合天，端在此心之「幾」。
船山從二氣的摩盪中論「感應」，又進而論此心感應之「幾」，可以看出其思想不但
歸結於人，更歸結於人一心感應之微，這與橫渠論「感應」大多就天道層次論太虛

〔註49〕《船山全書》第 12 冊《張子正蒙注·可狀篇》，頁 367。
〔註50〕此義由《易經》中的〈咸卦〉來。
〔註51〕《船山全書》第 12 冊《張子正蒙注·太和篇》，頁 43。
〔註52〕《船山全書》第 12 冊《張子正蒙注·可狀篇》，頁 365。

一氣之神化者不同〔註53〕。

船山身處明末國族傾覆之際〔註54〕，作《正蒙注》時又已是垂暮之年，而其思想歷經早、中、晚年的不斷演變，最終藉著陰陽爲二氣的攻取摩盪，打落了「道」的地位，將思想的歸宿最後落置在「人心的感應之幾」上。船山思想的改變絕對和其自身所處的時代有無法脫離的關係。

理學思想內容的發揚，雖然有對抗佛老的動機在，然此究竟是旁義而已〔註55〕，理學的主體意義在於讀書人對人類世界的懷抱，因此最重要的仍是與當代政治社會問題的互動。處在一個穩定的政治社會之中，或者是處在政治文化中心地域的士人，由於對世界的穩定有一種比較強烈的心理需求，因此在思想結構中往往較容易傾向於建立一個形上本體的根據，以做爲政治社會演進之時的核心價值。這些學者相信宇宙之中存在著一個永恆不變的眞理，可以做爲變動不居的歷史社會的指導原則。伊川與朱子建立一個「性即理也」的靜態的形上本體，正是出於此一思維。

然而相反的，像船山這樣處在一個宗社淪亡，異族統治，政治社會遭遇空前的大變革之時。士人毀家紓難，挺身而出，企圖扭轉乾坤，再造天地，則其身心世界自然必須導向一個「擁有無限創造可能性的主宰之心」的開發。人類之心的感應之幾是含有無窮能量的，是有無限的可能的，所有人類世界的變化，最開始都建立在心幾的感應之上。船山思想最後的落腳處，正表現出一個士人內心中的無盡渴望。

船山所投身的反清復明的事業，雖然轉眼即成泡影；然其企圖建立士人安身立命的生命情懷，希望從佛老的影響中走出，以回復先秦孔孟儒家心性之學的思維，

〔註53〕 橫渠言「感應」大多只就陰陽之感應，即所謂「天性」的生化而言；而船山則以之導向人心之「動幾」。橫渠謂「感者性之神，性者感之體」，基本上是就宇宙氣化的感應而言，故曰：「天性，乾坤、陰陽也。二端故有感，本一故能合」，究其意是從陰陽二氣相感的「天性」論宇宙之動化。然而船山之注文則曰：「我之性，乾坤之性，皆不越陰陽健順之二端」，其中由「天」轉移到「人」的意義，正可看出橫渠和船山二人在論及「感應」問題時，方向有所不同。

〔註54〕 船山生於明神宗萬曆四十七年（西元 1619），崇禎十七年（西元 1644）李自成破北京，思宗殉國，船山年僅二十六歲。

〔註55〕 中國思想史上的儒佛論諍分三個階段：第一階段是佛教初入中國的魏晉時期，彼時問題主要在教權與皇權的衝突，討論沙門禮不禮王者的問題；第二階段是隋唐至兩宋時期，討論的是空與有的思想問題，以及關於倫常、經濟的問題；第三階段則是明代，此時所討論的問題是僧人與士人的社會分工問題，可見佛教已成爲中國社會文化的一環。而到了清代之時，西洋文化傳入，儒佛之間的論諍已完全消失。清末之際，居士佛學的復興甚至代表中國文化與西方哲學的抗衡。船山已處明末之時，佛教與中國社會文化已幾乎完全融合，船山本人對佛學也有研究，此由《船山全書》中的佛學著作如《相宗絡索》者即可知。因此船山著作中對佛教的反對態度應該是從對陽明後學流弊的厭惡中附帶反射出來的。

則在明亡之後，經歷流亡生活，最後隱居於湘西荒山的四十餘年之中，始終未曾或忘。從船山晚年思想的最後歸宿中，似乎讓我們看到了一個意圖旋乾轉坤，卻又無力回天的苦悶的靈魂。

因此前文所提及的船山晚年思想反而傾向於陽明之心學的問題，在此也可以得到印證〔註56〕。船山最後所歸依的企圖藉人心創造之幾來主宰世界的改造的觀念，與陽明「生天生地，成鬼成帝，皆從此出」的良知之學其實有著相同的思維方向。

吾人若考察船山於《正蒙注》中所表現出來的一些觀念，可以看出船山晚年的思想與程朱似乎是漸行漸遠；其思想取向，反而更近於陸王。此一結論頗令人詫異，船山終其一生對陽明的心學從來都是嚴屬批判，不假辭色。然而若從思想史上發展的軌跡觀察，船山思想近於陸王其實也是學術大勢之所趨。

前文已言：先秦學術大致上是以現實世界中的問題為討論範圍，即使論及宇宙天道問題，也只是就「已然的存在」討論，不去追究存在背後的創造根源問題〔註57〕，因此比較不容易涉及「體、用」觀念的思維。然至宋代之時，為了與佛教思想相抗衡，中國士人必須在形上世界建立一套足以涵蓋人類的政治社會，又足以令人安身立命的天道觀念。因此不得不以體用分說的方式建立一套屬於儒家的理論，而不得不偏向宇宙論的討論。

天道問題的討論，永遠都只是手段，其目的則在於安頓現實的生命，生命的安頓不能離開心性問題。因此宋代理學之初在周、張之時重點在宇宙論問題，而到明道、伊川之時則逐漸將重點轉移到心性論上來〔註58〕。然二程的思想體系中對本體性的觀念如「道」、「性」、「理」等觀念著墨仍較多，這當然是基於為儒家「天道性命相貫通」的思想體系建立基礎的要求。而在伊川建立「性即理也」的本體論結構之後，到了朱子則提出「心統性情」的觀念將宇宙和生命的重心落置在有知覺能主宰的「心」之上。因此理學的發展，大約在南宋之後，對心性論的重視逐漸超越原來在宇宙天道方面的討論，而又從論「性」逐漸轉移到論「心」〔註59〕，因而開啟

〔註56〕船山思想的最後取向不近朱子，反近於陽明。此一觀點戴景賢先生於其《王船山之道器論》一書中已提出，可參看其書《餘論》部分，頁389。

〔註57〕《老子》例外。

〔註58〕勞思光先生在《中國哲學史》中提出「一系統三階段說」。認為六百年的宋明理學分成三階段：一為周張的宇宙論，二為二程的本體論，三為陸王的心性論。勞先生以二程階段為本體論，應是相對於陸王的心性論而言；若論其實，二程對涵養集義，格物窮理的發揮已多，早已充分討論到心性的問題。

〔註59〕宋明理學史由論「性」轉移到論「心」，朱子「心統性情」觀念的提出是一個分水嶺。朱子雖是「理氣二元」論者，主張「理一分殊」，以「性即理也」做為宇宙天地的形上本體，然卻將生命的重心放在形下的「心」上。朱子後學如黃東發、金履祥、王

了明代百餘年的陽明心學的時代。船山處於明末國破家亡之際，雖痛懲於陽明後學之流弊，於陸王之學大張撻伐，然其思想終究不能免於時代重「心學」趨勢的影響，而不自覺地在思維方向上反近於陽明。吾人若細加考察，當可發現陽明「良知」之說與船山之論「心之感應之幾」，其距離實僅數步之遙而已〔註60〕。儒學經二氏之學數百年來的刺激，雖暫時轉移了方向，然終究須回復到舊路子上來。中國人的學問，自始即不離心性與道德行爲之開發，對外在宇宙探討之興趣絕不能掩蓋對內在心性世界的追求。

　　當然六百年來的宋明理學由論「道」、論「理」、論「性」逐漸走向論「心」，由形上世界的宇宙本體論述最終還是回到形下世界中人的主宰之心，這種思想的演進也和數百年來人類物質文明的逐步發展，知識系統的日漸複雜有密不可分的關係。人類行爲所牽涉的知識量愈多，則代表行爲指導原則的「理」也就愈模糊，因此直接面對知識，可以「知明處當」的「有知覺能主宰的心」自然更形重要。知識的增加帶動「心的創造力」，而心的創意主宰又累積了更多的知識。明清之際，人類的社會已經開始進入知識發展的時代，因此若從時代的角度來看，船山晚年思想落在「心的感應」之上其實也符合思想史的演進方向。

應麟等人也都很明顯的重「心」不重「性」。一直到陽明之前的明代早期學者如薛瑄、吳與弼、胡居仁、陳白沙等人也都將思想重心放在「心」的討論上。請參考古清美〈明代前半期理學的變化與發展〉，收入《明代理學論文集》（臺北：大安出版社，1990 年 5 月）。

〔註60〕本文認爲船山晚年最後的取向近於陽明，只是就船山之思想最終歸結於「心幾之感應」這一點而言，認爲船山之思想與陽明的良知學其實可以會通，而與朱子以「性理」爲形上本體的觀念距離反而較遠。並非意謂二人的思想相同。陽明之學不太談論宇宙論，而船山思想雖歸結於人之心性，然基礎仍是建立在宇宙論之上。船山與陽明在思想上仍有甚多歧異之處，也不能只因此一相合之處而抹煞。

第六章　結　論

　　船山思想演變的脈絡，幾乎都與其所處的時代問題相呼應。影響船山思想演進的刺激因素主要來自於佛老、朱子與陽明。船山之反對陽明，大多就其後學之流弊著眼，少有攻擊陽明本人者，且其破斥王學之言語或觀念大體上前後都一致，對船山思想的變化沒有什麼影響，故陽明可不論。而佛老對船山思想的刺激，雖其影響無時不在，然其問題則是較固定的，也不可能對船山思想提供不同階段的挑撥。因此，影響船山思想演進的最大變數其實是來自於朱子。

　　前文曾提及：船山思想的不斷演變，其方向是超越朱子，從另一條路回復先秦儒家的傳統正學，以達成其破斥異端的目的。在此要求之下，船山在晚年之時放棄朱子與濂溪，而改宗橫渠。然而《正蒙》一書中的思想結構與內容並不能完全滿足船山的要求，不同的時代有不同的問題，船山不可能在《正蒙》中完全得到他所思考的一切問題的答案。故船山之尊橫渠、注《正蒙》其實只是取其思想上的某些重大關節而已；在其他方面，船山與橫渠的歧異，仍隨處可見。而這些歧異之處正代表了船山思想對其當代問題的反應。

　　船山和橫渠思想歧異的根源在於陰陽為「一氣」或「二氣」的差別，此一差異導致二人的思想一主「萬物一源」，而一主「萬物一體」。橫渠主「萬物一體」，其思想傾向以「宇宙」為中心，故其論心、性皆擴大至全宇宙而論「天性」、「天心」。而船山主「萬物一源」，在物與我不共命，宇宙萬物並無一總體之理以統貫之的主張之下，「人」的地位自然比較容易凸顯。船山思想的發展始終尊循此一原則。故其注《正蒙》之時，橫渠就「宇宙天地」而言者，船山往往改就「人」的立場而發揮，其例甚多，已見於前文之論述。船山思想既逐步落實於「人」，則更進一步而論及心性之微的「感應」問題，實屬必然。

　　船山思想發展到討論「人心感應之幾」時，其最後的取向已經十分明朗。船山

思想的傾向，並不是其早中期著《周易外傳》、《尚書引義》、《讀四書大全說》時所尊奉的朱子，反而是其一生之中始終反對的陽明。前文已言，船山思想的演進是意圖超越朱子，以解決理學逐漸偏離先秦孔孟舊轍的問題。而事實上在船山之前，陽明已先著鞭。陽明之學完全以「良知」為中心，捨離宋儒對宇宙問題探討的興趣，而致力於「格致誠正」的生命實踐。陽明雖然沒有大發揮「心之感應」的觀念，然其言「良知」、言「誠意」等涉及心之幾微處的問題時，也自然包含了這一層意義。陽明曾云：

> 心者，身之主也，而心之虛靈明覺，即所謂本然之良知也。其虛靈明覺之良知應感而動者謂之意。有知而後有意，無知則無意矣！知非意之體乎！意之所用，必有其物，物即事也。如意用於事親，即事親為一物；意用於治民，即治民為一物；意用於讀書，即讀書為一物；意用於聽訟，即聽訟為一物。凡意之所用，無有無物者。有是意，即有是物，無是意，即無是物矣，物非意之用乎！〔註1〕

陽明以「知」為心靈明覺，而以虛靈明覺之知「應感」而動者謂之「意」，則陽明之所謂「意」，其實就是船山所謂的「幾」。陽明言「誠意」，主張「戒慎獨知」便是誠之萌芽，故仍須有「格物致知」的工夫；而船山也說「聖狂之分，在心幾變易之間」〔註2〕、「人能盡性體道以窮神，亦惟不失其感之正爾」〔註3〕，同樣不否認人必須有「不失其感之正」的工夫。陽明又言「物者意之用」，主張意之所用，必有其物。船山同樣主張「感者因與物相對而始生」〔註4〕。可知船山與陽明論「良知」或「感應」等觀念，雖其細微處不能全同，然其大關節處實有甚多契合之處。此外，又從其二人論心體感應的觀念推擴出去，陽明論「性氣合一」及「心之統御萬物之理」的觀念，也和船山無大差異。而再就船山與陽明觀念上的相通處來看，也幾乎都可以和先秦的儒家思想相聯結。

　　因此船山思想的演進最後歸向陽明，其實也是中國學術思想經過長期的佛教哲學影響之後，原始反終，基於回復先秦原始儒家思想的要求下的結果。船山與陽明的時代相去並不算遠，或許是在相同的時代要求之下，導致思想上有相同的傾向。

〔註1〕 《王陽明全集》上卷2〈傳習錄中·答顧東橋書〉（上海：上海古籍出版社1997年8月，頁47）。
〔註2〕 《正蒙注·太和篇》。
〔註3〕 《正蒙注·可狀篇》。
〔註4〕 《正蒙注·可狀篇》。

　　船山於明清之際，國命斬絕於異族之時，其思想導向先秦舊學，不再從事於宇宙天道問題的討論，而力圖提升「人」在宇宙之中的地位，主張從心性之復幾以實踐盡心知性之學，實有喚醒國人，藏國家民族命脈之一線生機於未來之意。可惜宗社既滅，在異族皇帝有計劃的控制之下，學術風潮急遽轉移，程朱格物窮理之學受皇命之鼓舞，而陸王良知之學翻成禁忌，心性問題已少有人談。直到晚清之時，革命思想興起，船山遺書之中隱涵有國家民族大義的著作開始受到國人的注意，船山思想流布漸廣，對革命事業的成功多少也有一些貢獻。

　　今日船山學術已成顯學，研究船山思想的專書、論文漸多。船山著作數百萬字，內容涵蓋經、史、子、集。本書不過是對船山子學中的一本晚年著作《張子正蒙注》的一點浮淺的研究而已，船山其餘的學術著作固然有待於學者的研究，就是《正蒙注》本身也仍有許多有待於繼續研究之處。

後 記

　　本書為作者一九八三年畢業於東海大學中文研究所的碩士論文，蒙花木蘭文化出版社選輯於《古典文獻研究輯刊》第六編。為因應本次出版，更新部分資料，將原本所根據的自由出版社《船山遺書全集》改為岳麓書社於 1998 年 11 月重新標點排版的《船山全書》。二十年來對宋明理學的涉獵又更進一步，因此對書中部分觀念內容加以改寫，加入一些新的研究成果。在文字上則盡量以白話文求其通順，並且在文字上刪除枝蔓，使文章更加精簡，以方便讀者的閱讀。船山的著作十分浩瀚，橫跨經、史、子、集。而今人對船山的研究似乎採議題式的較多，而針對單一本著作做研究的少。本書針對船山晚年最後一部理學思想的著作《正蒙注》做內部研究，企圖理解船山一生思想的演變，並確認船山晚年思想的最後歸宿。希望對學術界中研究船山的學者能提供一些參考。

參考書目

一、專　書

（一）論主著作

《船山全書》（中國湖南：嶽麓書社，1998 年 11 月出版）

1. 第一冊

   《周易內傳》（含〈發例〉）

   《周易外傳》

2. 第二冊

   《尚書引義》

3. 第四冊

   《禮記章句》

4. 第六冊

   《讀四書大全說》

5. 第十冊

   《讀通鑑論》

6. 第十二冊

   《張子正蒙注》

   《思問錄內篇》

7. 第十五冊

   《薑齋五十自定稿》

   《薑齋六十自定稿》

   《薑齋七十自定稿》

《柳岸吟》

（二）古人著作

1. 《周易本義》，朱熹，廣學社印書館，1975 年 9 月。
2. 《四書集注》，朱熹，藝文印書館，1980 年。
3. 《莊子集釋》，郭慶藩，河洛圖書出版社，1980 年 8 月。
4. 《周子全書》，董榕，廣學社印書館，1975 年。
5. 《張載集》，張載，里仁書局，1981 年 12 月。
6. 《二程集》程顥、程頤，漢京文化事業公司，1983 年 9 月。
7. 《朱子語類》，朱熹，華世出版社，1987 年 1 月。
8. 《朱文公文集》，朱熹，台灣商務印書館，1980 年 10 月。
9. 《朱子全書》，朱熹，廣學社印書館，1977 年 2 月。
10. 《陸象山全集》，陸象山，世界書局，1979 年 6 月。
11. 《王陽明全集》，王守仁，上海古籍出版社，1997 年 8 月。
12. 《宋元學案》，黃宗羲、全祖望，華世出版社，1987 年 9 月。
13. 《明儒學案》，《黃宗羲全集》本，里仁書局，1987 年 4 月。

（三）近人著作

1. 《清代學術概論》，梁啟超，里仁書局，1995 年 6 月。
2. 《中國近三百年學術史》，梁啟超，里仁書局，1995 年 6 月。
3. 《中國近三百年學術史》錢穆，台灣商務印書館，1980 年 1 月。
4. 《船山學譜》，王孝魚，廣文書局，1975 年 4 月。
5. 《船山學譜與船山遺書提要》，張西堂、蕭天石，中國船山學會，1973 年。
6. 《中國哲學史新編》，馮友蘭，人民出版社，1992 年 5 月。
7. 《中國哲學思想史・宋代篇》，羅光，學生書局，1984 年。
8. 《中國哲學史》，勞思光，香港中文大學崇基書院，1980 年 11 月。
9. 《中國思想史》，錢穆，學生書局，1983 年 9。
10. 《朱子新學案》，錢穆，三民書局，1982 年 4 月。
11. 《宋明理學概述》，錢穆，學生書局，1977 年 4 月。
12. 《陽明學述要》，錢穆，正中書局，1979 年 10 月。
13. 《中國哲學原論・原教篇》唐君毅，學生書局，1979 年。
14. 《王陽明致良知教》，牟宗三，中央文物供應社，1980 年。
15. 《心體與性體》，牟宗三，正中書局，1979 年 12 月。
16. 《近思錄詳註集評》，陳榮捷，學生書局，1992 年 8 月。

17. 《老子周易王弼注校釋》，樓宇烈，華正書局，1981 年 9 月。

18. 《船山學術研究集》，蕭天石選輯，自由出版社，1973 年。

19. 《王船山哲學》，曾昭旭，遠景出版事業公司，1983 年 2 月。

20. 《王船山的致知論》，許冠三　香港中文大學出版社，1981 年。

21. 《船山哲學引論》，蕭萐父，江西人民出版社，1993 年 12 月。

22. 《王夫之研究文集》，夏劍欽，河北教育出版社，1995 年 10 月。

23. 《王船山之道器論》，戴景賢，台大中文研究所博士論文，1982 年。

24. 《北宋理學周張二程綜合研究》，戴景賢，台大中文研究所碩士論文，1976 年。

25. 《王船山研究》，陳忠成　台大中文研究所碩士論文，1974 年。

二、單篇論文

1. 〈王船山的學術思想與仁學〉，譚嗣同，《湖南文獻季刊》5 卷 2 期（收入王孝魚《船山學譜》）。

2. 〈王船山的學術思想評述〉，梁啓超，《湖南文獻季刊》5 卷 2 期（收入王孝魚《船山學譜》）。

3. 〈論船山思想〉，（通訊），徐炳昶、何貽焜，《學原》1 卷 7 期。

4. 〈王夫之先生學術思想繫年〉，劉茂華，《新亞學報》5 卷 1 期。

5. 〈王船山的家學淵源〉，嵇文甫，《學原》2 卷 11、12 期。

6. 〈王船山的家學淵源〉，康侶叔，《民主評論》6 卷 10 期。

7. 〈濂溪百源橫渠之理學〉，錢穆，《中國學術思想史論叢》第五冊。

8. 〈《正蒙》大義發微〉，錢穆，《中國學術思想史論叢》第五冊。

9. 〈王船山孟子性善義闡釋〉，錢穆，《中國學術思想史論叢》第八冊。

10. 〈陽明良知學述評〉，錢穆，《中國學術思想史論叢》第七冊。

11. 〈王陽明先生《傳習錄》及《大學問》節本〉，錢穆，《中國學術思想史論叢》第七冊。

12. 〈王船山的歷史進化論〉，王孝魚，《中山文化教育館季刊》2 卷 1 期。

13. 〈王船山的歷史哲學思想〉，羅光，《哲學論集》1 期。

14. 〈王船山之史學方法論〉，杜維運，《幼獅月刊》9 卷 3 期。

15. 〈從歷史觀點略論船山的學術思想〉，傅士眞，《台北商專學報》2 期。

16. 〈船山的實有歷史哲學〉，甲凱，《鵝湖月刊》5 期。

17. 〈王船山之論佛老與申韓〉，牟宗三，《幼獅月刊》2 卷 8 期。

18. 〈黑格爾與王船山〉，牟宗三，（收入《生命的學問》），三民書局。

19. 〈王船山的易學〉，羅光，《湖南文獻》6、7、8 期。

20. 〈王船山的易學〉，梁亦橋，《中國學人》3 期。

21. 〈王船山之宇宙觀〉，許冠三，《香港中文大學中國文化研究所學報》10 期（上）。

22. 〈原王船山之理〉，許冠三，《香港中文大學學報》5 卷 1 期。

23. 〈王船山之論「理與氣」「心與理」之探究〉，黃繼持，《大陸雜誌》35 卷 12 期。

24. 〈思問錄與王船山〉，甲凱，《中央月刊》6 卷 10 期。

25. 〈讀王船山通鑑論〉，甲凱，《中央月刊》4 卷 12 期。

26. 〈王船山的《莊子通》研究〉，陳重文，《出版月刊》16、17 期。

27. 〈王船山的基元方法論—船山釋《莊子》論大小與對待的關係研究〉上、下，陳重文，《出版月刊》16、17 期。

28. 〈方以智與王夫之〉，張永堂，《書目季刊》7 卷 2 期。

29. 〈王船山學說〉，李國英，《孔孟學報》12 期。

30. 〈王船山先生對自然科學的體認〉，梁棟，《湖南文獻》6、7 期。

31. 〈船山生命哲學之研究〉，張廷榮，《湖南文獻》6、7 期。

32. 〈王船山之家學〉，陳忠成，《孔孟月刊》14 卷 4 期。

33. 〈船山論習與性〉，陳忠成，《孔孟學報》32 期。

34. 〈王船山宇宙觀心性觀之探源與闡釋〉，朱維煥，國立中興大學中文系學術論文集刊 4 期。

35. 〈論王船山之即氣言體〉上、下，曾昭旭，《鵝湖》1 卷 10、11 期。

36. 〈讀船山論天理人欲〉，曾昭旭，《鵝湖》3 卷 2 期。

37. 〈述王船山對佛老莊之批判〉，曾昭旭，《孔孟學報》38 期。

38. 〈王船山先生的生平及其思想〉方豪《東方雜誌》6 卷 3 期。

39. 〈王船山的知識論〉，黃懿梅，《幼獅學誌》15 卷 1 期。

40. 〈王船山的知識論〉，胡鴻文，《湖南文獻季刊》5 卷 2 期。

附錄一：從心物關係看宋明理學本體論思想的演進模式

全文提要

　　本文主要以心物對應關係爲基礎歸納宋明理學中濂溪橫渠、明道、伊川朱子以及陽明等四個理學階段的本體論觀念的演進型式，並與唐以前的本體論演進型式比較。本文發現二者之間有相當程度的類似性。宋明理學本體論思想的演進模式有四個階段：濂溪橫渠以「無極太極」、「太虛」爲主的氣化本體論，代表以氣籠罩心的第一個模式；明道「元來只是此道」代表心、物對應平衡的第二個模式；伊川、朱子的「性即理也」則是人類的理性之心轉化爲客觀而超越的形上理世界，代表心企圖統御物性世界的第三個模式；最後則是陽明的絕對主觀的唯心論，代表心完全主宰物的第四個型式。宋明理學之中這四個本體論思想階段分別與戰國後期的「與元同氣」的氣化本體論，漢代董仲舒與楊雄思想中的「道」，魏晉玄學中的「無」，以及唐代華嚴宗「一眞法界，無盡緣起」的四個思想階段相呼應。顯示出中國思想史上本體論思維確實呈現著一種「由物向心」，「由外向內」的發展模式。

　　關鍵詞：中國思想、宋明理學、本體論、濂溪、橫渠、程朱、陽明

一、前　言

　　宋明理學六百年思想中本體論觀念的演變幾乎就是中國思想史上本體論觀念演化具體而微的縮影。中國人的思想發展並不像西方以知識問題爲導向，而主要是以社會的安定與發展爲思想產生的主軸。中國人所面臨的是顯現爲大規模政治社會的龐大物性世界，而中國社會的政治發展又由士大夫階層來擔當〔註1〕。一個「有志之士」在面對大格局的物性社會之時，其生命情態內容的表現其實是「心力」與「物力」兩種世界的相互激盪。所謂「本體論思維」事實上也就是人類對「存在」的最終解釋〔註2〕，而決定「存在意義」者則其基礎在於「心」與「物」的對應。

　　當原始人類仍在茹毛飲血的階段，與禽獸無別之時，人的行爲幾乎是完全受物性條件支配的。然而當人類逐漸進入了文明時期，內在道德理性發展到某一個層次之後，「心」與「物」的對應關係就會產生。當然，這種關係是相對性的。人類社會物質文明的發展永遠不會走回頭路，因此物性世界是隨著時代的演進而不斷增強的。當人類社會因文明累進而使得客觀世界的物性力量增強之時，人類主觀的心力到底是會相對地因受到壓抑而減弱呢？或者是因爲必須和物性世界對抗，企圖加以統御、主宰而反而增強呢？這似乎是面對心物摩盪問題之時的兩個不同的思維方向。

　　這兩個不同的思維方向正好代表了道家和儒家對心物問題的看法。道家認爲人類之心不應該和物性世界的力量相對抗〔註3〕，「心」應該隨順「物」的流動〔註4〕；儒家則認爲人應積極有爲地廣學多聞以掌控、鎮定複雜多變的現實世界。儒、道兩家對心物問題思維的不同，當然直接影響到其本體論觀念的思維方向。

　　上文提及，心與物的相互制約關係是相對性的，因此必須局限在某一段時間之中來比較。人類的心力雖然是主觀的，然而在心與物的交互關係中，心卻是被動的，因此心物關係的變化時常是因爲物質文明的突進而啓動。如果這個理論可以成立，則中國思想史上第一個值得注意的基於心物關係改變而激發起來的本體論觀念發展的時期就是戰國時代。

〔註1〕此即是孔子《論語》中所謂的「士志於道」。

〔註2〕在西方哲學中研究創造根源的「本體論」屬形上學，研究創造過程的「宇宙論」則否，二者有很清楚的分別。然在中國思想史上則常將本體論與宇宙論的觀念統合爲一，有時並不嚴格分別。

〔註3〕這個觀念的另一層意義即是：人類不應該發展文明來破壞其淳樸的本來情性。

〔註4〕如《莊子·人間世篇》所謂的「心齋」與〈大宗師篇〉中所謂的「坐忘」。

二、宋代以前中國本體論思想的演進模式

孔子繼承周代禮樂文化的精神，發揮以人類家庭血緣親情爲主軸的「仁」，來解釋「禮之本」，這基本上是以人的內在主體性之「心」爲基礎的思維。然而戰國以下，由於戰爭的刺激，物質文明猛進，世界觀急速擴大，物性世界突然膨脹的結果，導致了「與元同氣」思想的發展，以一氣貫串天地萬物的思維成爲中國人生命境界中「心物合一」思想的基礎。這代表了人類之心在面臨龐大物性世界之時，因受到壓力一時無法抗衡，於是便「反向性地」藉由與對方的統合來銷解衝突。將「心」同步投入於物性世界中，使之合一於天地一氣之動化。中國人的原始思維之中確實存在著一種「心與物有共同的存在基礎」的觀念成分〔註 5〕。這個存在於中國人集體意識中的觀念在戰國時代心物關係變動之時，終於透過先秦道家及陰陽家之手，發展成陰陽氣化生萬物的天道觀念。

戰國中後期陰陽氣化思想的形成代表中國人企圖以「氣」的思維來統合當時由於物質文明累進與政治結構擴大所形成的龐大物性世界，同時藉由「氣」來穩定心與物的關係。進入兩漢之後，大規模的帝國形式已經形成而逐漸穩定下來。穩定之後，基於平衡原則，弱勢的一方反而發展的空間較大。面對龐大的帝國社會，基於政治運作的要求，心力的統御能量自然必須加強。因此兩漢思想中的「道」逐漸從氣化自然之天道轉移到客觀天道與理性人道的融合。

《淮南了》一書中的道論，基本上仍承襲《老子》自然天道的觀念內容。天道多於人道，自然多於理性。可見這部原本名爲《劉氏之書》的巨著，其目的在於以道家的無爲來做爲漢帝國政治思想的依據。然而到了代表董仲舒思想的《春秋繁露》之時，其所謂「道」的內容，很明顯的人道理性的成分增加了許多。《淮南子》多言「天道」、「天地之道」，而《春秋繁露》則在此之外又多言「君道」、「聖人之道」、「君子之道」、「尊天之道」、「春秋之道」。這些「道」的名目雖然仍以「天道」爲基礎，但明顯的有「由天向人」發展的傾向。董氏之「道」走上天人合一之路，自然與其「天人感應」的思想有關。而到了楊雄《法言》中的「道」論，這種傾向就更明顯了。楊子雲本是具有理性精神的學者〔註 6〕，因此對於「道」的解釋也稍與前人不同：

〔註 5〕 這是在中國古代的農業社會中由於人與環境的關係基本上可以保持和諧所形成的思維方向，本文稱之爲「對生存環境的可親意識」，中國人因此而發展出以「氣」涵攝「心」與「物」的共同存在基礎的觀念。本文作者常以此一觀念解釋中國以氣化爲本的「天人合一」意識之形成。

〔註 6〕 《法言‧問明篇》：「或問人何尚？曰：尚智」。見汪榮寶《法言義疏》九（北京：中華書局，1996 年 9 月，頁 186）。

或問：「經可損益與？」曰：「易始八卦，而文王六十四卦，其益可知也。詩、書、禮、春秋，或因或作，而成於仲尼，其益可知也。故夫道非天然，應時而造者，損益可知也」。〔註7〕

楊雄主張「道非天然」，「道」之中已經有人應時而變的損益。又曰：「天之道不在仲尼乎！」〔註8〕、「舍五經而濟乎道者，末矣！」〔註9〕，甚至以孔子、五經為「道」之準則。《法言》一書之言「道」大多如此。

通觀以上《淮南子》、《春秋繁露》及《法言》之「道」觀念的發展，雖然仍然不離漢代氣化天道的基礎，然而其中所涵蘊的代表人類心力意志所展現的行為方向之成分已十分明顯。漢代人所謂「道」的內容已有部分意義從氣化生萬物轉移到心對氣化理則的掌握。換言之，漢代的「道」在心物關係上，相對於先秦時代道家思想中所言者，是較為平衡的。這種統合「物性世界自然的流動軌則」與「人類心靈對物性世界的統御意志」的「道」的觀念，其實是兩千年來中國思想史上論「道」的通義。

中國人本體論思維中的「心物對應」關係到了漢魏之間又有了新的發展。漢末之時，中國大一統的帝國體制已有四百多年。兩漢學術以先秦的經學為主，經學主要著眼於現實世界中的政治與社會問題，這代表漢儒在帝國形成之後，致力於現實禮樂刑政制度建設上的努力。在某一意義上，這也是延續戰國後期以來中國進入大規模物性世界之後的社會運作。漢儒一方面在現實的政治制度上從事建設，一方面也在精神意志上企圖對當代龐大的物性世界加以籠罩。《五經》與「數術」思想的結合即是此一時代思維方向的表徵。透過與數術體系的結合，使原本只落實於現實人事的經典從此有了天道思想層次的提升。換言之，漢代陰陽五行思想滲入經學也顯示出漢儒對現實世界的掌握企圖。只是問題在於：以陰陽五行體系為主的漢代數術思想通常只著眼於「宇宙論」層次，尚無法完全滿足對形下的現實世界做最高的本體論層次的掌握，反而因為大量以陰陽五行解釋現實世界事物而產生糾葛〔註10〕。因此到了漢魏之間，這種在大社會發展形成之後所逐漸蘊釀出來的「心」對「物」的統御企圖，終於造成了以王弼為代表的魏晉玄學思想的興起。

魏晉玄學代表戰國以來物力世界的絕對優勢之下，心力世界逐漸「反撲」的歷

〔註7〕 《法言・問神篇》，汪榮寶《法言義疏》七，頁144。

〔註8〕 《法言・學行篇》，《法言義疏》一，頁6。

〔註9〕 《法言・吾子篇》，《法言義疏》四，頁67。

〔註10〕 湯用彤先生在《魏晉玄學論稿》所收〈魏晉玄學流別略論〉一文中曰：「漢代寓天道於物理」即是此義。

程中的一個高峰。玄學的興起，其意義在於企圖以最高的思維層次對龐大的現象世界加以掌握。前文提及，這種思維方向其實自秦漢統一以來已呈現發展之態勢，而在漢代末期，卻由於大帝國統治威權的鬆動，反而加速刺激這種「以簡御繁」思維的產生，形成了以「貴無」爲主的本體論觀念。

魏晉時代的「貴無論」是中國思想史上靜態的本體觀念之開端。王弼迴避了《老子》書中「有生於無」的觀念，將「有」與「無」從原來「同質性的生成義」轉變成「異質性的體用關係」，強調「無爲有之本」〔註11〕。在學術落入餖飣繁瑣，帝國即將分裂的時代，這完全符合了當代士人企圖以一心籠罩物性世界爲一體的思想氛圍。魏晉時代這個做爲天地萬物本體觀念的「無」，事實上就是人類企圖對現實世界加以掌控的心靈力量的昇華與轉化。

由上文所述，可以發現中國思想史上本體論觀念的演變模式：戰國後期及秦漢之間，由於物性文明急速發展，物力完全籠罩心力，於是「心依於物」而形成「與元同氣」的本體論結構。進入漢代之後，心力逐漸復甦而與物力世界取得均衡，形成漢代以氣化的宇宙觀爲基礎而展現出以制度建設穩定大一統帝國之企圖心的「道」的觀念。到了魏晉時期，心力世界終於跨越物性世界而形成「貴無」的思想。

魏晉時代的貴無思想雖然顯示出心力對物性世界的統御態勢，然而此一思維結構終究仍須借助於一個被稱爲「無」的超越的形上本體觀念，這代表「心」對「物」的凌駕仍不是絕對的。雖然如此，然而心力超越物力的態勢卻仍持續發展。到了唐代，中國終於藉由印度傳來的佛教開展出「絕對唯心論的本體思維」。

萬法唯心所現的觀念其實是大乘佛教思想的通義〔註12〕。天台宗的「一念三千」、華嚴宗「四法界」思想中的「事事無礙法界」，以及智儼、法藏的「十玄門」，都是將萬法納入於一一稱性圓融的無盡法界之中。尤其是《華嚴經》中重重無盡的華藏世界功德海更是將「一眞法界，無盡緣起」的思想發揮到極致，成爲唐代最具代表性的佛學理論。在此一思想體系中，如來藏自性清淨心成爲生起一切萬法的本體。近代印順導師判教體系中所謂的「眞常唯心系」的佛教，事實上即可以解釋爲

〔註11〕 將王弼的「無」解釋爲靜態的形上本體在今天的學術界中並未得到所有學者的認同。這關鍵點在於王弼思想中的「無」與「有」是否有「生成」的關係。何劭的〈王弼傳〉中曾引用其「大衍義」，曰：「演天地之數，所賴者五十也，其用四十有九，則其一不用也。不用而用以之通，非數而數以之成。斯易之太極也」。從王弼特別強調「不用而用以之通，非數而數以之成」看來，體用之間似乎是「異質性」的。

〔註12〕 禪宗的明心見性事實上以如來藏心爲本，如來藏心能生一切法。淨土宗的十方莊嚴佛土也是唯心所現。密教之瑜伽行亦不離念佛與唯心。唯識學主阿賴耶緣起生一切法，第八識即稱爲「心」。

絕對的唯心論思維。這種「一心體現萬德莊嚴」的思想配合了盛唐輝煌的文明成就，將中國佛學發展到巔峰的境界。

　　總括上來所述，本文先在宋代以前的中國思想史之中拈出戰國後期、漢代、魏晉以及唐代等四個時期，從心物關係變化的角度來觀察其本體論思想演進的模式。本文以下則迴入正題，由宋明理學六百年的歷史中提出濂溪與橫渠、明道、伊川與朱子、陽明等四個思想階段，仍然以心物的對應關係爲基礎論述其本體論思想的演變形式，來觀察這兩大時期的本體論思想發展模式之間的對應性與類似性。

　　中國歷史發展到唐宋之際，在社會文化上的許多方面都有了變化。從學術上觀察尤其明顯：「周孔」之稱改爲「孔孟」，「四書」逐漸有取代「五經」之勢，研究孔子由重《春秋》改爲重《論語》。而其中最具意義者，則是士人之思維由公共領域的「政治問題」逐漸傾向私領域的「心性問題」。如果從這種「主觀性」加強的現象來看唐宋以下的歷史發展，在心物對應的關係中，心力仍是持續佔優勢的。唐代華嚴宗的「一真法界」思想已將中國人的心力提升到最高境界。然而在心力佔絕對優勢之時，物性世界仍然是有活動力的，心與物仍有其「相對性」的消長關係在發展。本文以下首先從周、張論起。

三、濂溪與橫渠的氣化本體論思想

　　唐五代結束之後，中國進入相對統一的時代。綿延數百年的門第世族社會在長期的戰亂中逐漸被摧毀而消失，形成了北宋時期的平民化社會。面對著全新的社會，北宋士人的生命力是元氣淋漓的〔註13〕。然而伴隨著當時社會而來的，是佛道思想的興盛與儒家思想的衰頹。佛教主張「緣起性空」，以世間萬法爲幻妄而求出世之解脫，這對於北宋士人建設新社會的遠景自然造成妨礙，因此理學家首先必須針對佛教的「空義」提出反駁。欲破除「空無」，則必須強調「實有」。而在中國人的傳統思維中，「氣化」就是「實存」。因此先秦時代「與元同氣」、「陰陽化生萬物」的傳統氣化思想自然成爲闢佛的利器，重新啓發了北宋時代讀書人的思維。

　　由於受到時代問題導向的影響，濂溪與橫渠的思想結構比較著眼在客觀的氣化本體論上的理論建設，因此在主觀的心性修養方面的闡發「相對的」比較少〔註14〕。濂溪首先以無極、太極、陰陽、五行等氣化的不同層次建構整個宇宙天地一氣生化的實有：

〔註13〕 這和戰國時代的平民士展現百家爭鳴的思考能力與改造政治結構的行動力一樣，歷史上似乎在主觀社會開放爲客觀社會之時，都會釋放出這種強大的潛在社會能量。
〔註14〕 這一部分後來的二程、朱子有比較深入的發揮。

> 無極而太極。太極動而生陽，動極而靜，靜而生陰，靜極復動，一動
> 一靜，互爲其根。分陰分陽，兩儀立焉。陽變陰合，而生金木水火土，五
> 氣順布，四時行焉。

這一段文字是學者所熟悉的《太極圖說》原文。某些現代學者以「無極」、「太極」
爲超越的形上本體〔註15〕，然本文則認爲無極、太極以至陰陽、五行其實只是天地
一氣生化萬物的階段層次而已〔註16〕。另外濂溪在《通書》首章中以天道之「誠」
統「萬物」與「性命」爲一，也同樣是企圖以氣化之實有來建立天道與性命相貫通
的思想結構。

> 誠者，聖人之本。「大哉乾元，萬物資始」，誠之源也；「乾道變化，
> 各正性命」，誠斯立焉。純粹至善者也。故曰：「一陰一陽之謂道，繼之者
> 善也，成之者性也」。元亨，誠之通；利貞，誠之復。大哉易也，性命之
> 源乎！

濂溪引用《易繫辭上傳》第五章即可證明其所謂「誠」是以一陰一陽的氣化生生不
息爲內容。「誠之源」表示乾元氣化爲萬物所資之始，而「誠斯立焉」則表示氣化落
實則成就人做爲生命氣質之性。在濂溪的觀念中，「生命」與「萬物」都統合於無盡
的氣化之誠之中。

濂溪以太極陰陽生化萬物，而橫渠則以太虛一氣聚散生萬物。《正蒙・太和篇第
一》中有數條文字最能表現出橫渠的氣化思想結構：

> 太虛無形，氣之本體；其聚其散，變化之客形爾。
> 太虛不能無氣。氣不能不聚而爲萬物，萬物不能不散而爲太虛。
> 知虛空即氣，則有無、顯隱、神化、性命通一無二。

中國傳統思想史上只有「氣聚爲萬物」的觀念，很少有「物散而復歸太虛」的觀念。
橫渠提出「聚散」的觀念，將太虛一氣解釋成一個可以涵容天地萬物而又自成循環
的體系。這當然大大提高了以氣化流動做爲天地萬物存在之體的本體論意義。

除此之外，周、張在傳統氣化生萬物的思想上尚有一個極具意義的創發：即明
確的以氣化做基礎來建構人類生命的「色」與「心」。濂溪與橫渠二人同時展現出此
一思維，不應只視爲一巧合，應該有其思想發展上的時代意義。濂溪在《太極圖說》

〔註15〕以牟宗三先生爲代表。
〔註16〕證據在於「太極動而生陽」一句。太極能動靜而生陰陽，顯示二者有同質性。且《太
極圖說》又曰：「五行一陰陽也，陰陽一太極也，太極本無極也」，顯示五行、陰陽、
太極、無極只是一氣的不同階段而已。歷來以二元論解釋濂溪〈太極圖說〉者大多
未注意這一段文字的語意所顯示出來的思想意涵。

中曰：

> 無極之真，二五之精，妙合而凝。乾道成男，坤道成女，二氣交感，
> 化生萬物，萬物生生而變化無窮焉。

橫渠則曰：

> 合虛與氣有性之名。〔註17〕
>
> 天地之塞吾其體，天地之帥吾其性。〔註18〕

濂溪所謂「無極之真」相當於橫渠之「虛」〔註19〕，「二五之精」則相當於橫渠的「氣」〔註20〕；前者指「心」，後者指「色身」。生命中的「色身」固然來自於陰陽氣化，「心志精神」也同樣來自於太虛一氣，不同者只在氣之清與濁而已。相對於凝聚色身之陰陽、五行，「心」是更清通精微之氣能。濂溪以「無極之真」，而橫渠則以「虛」來建構人之所以思通玄微的心靈世界。這種將色心生命都一齊植根於天地一氣之動能的觀念，其實是中國人長久以來「天人合一」觀念之下所自然形成的潛在思維。

上來所述，可以觀察出周、張二人的天道思想乃是將身心生命融合於天地一氣之中，藉氣化的實有來肯定人類政治社會的現世意義，以對抗近千年來佛教出世思想對中國社會人心的影響。以上所述周、張二人之觀念，若從心物對應的關係上來看，是「心」投入「氣」的包涵之中，而以「氣」來代表「存在本體」的意義。

濂溪、橫渠的氣化本體論思想與戰國秦漢之間「與元同氣」的思想結構在形式上都是以「氣」為首出，然在內容上仍有差別。最大的不同在於周、張的氣化本體論思想中帶有強烈的心的主宰性意涵，而先秦元氣思想則這一層意義較低。戰國後期物性文明急遽發展，造成對心力世界的壓迫，「物」強而「心」弱的結果，使得思想向氣化一邊傾斜。而同時也因為先秦時期物性較心力為強，因此以「元氣」為本的天道思想很容易被導向「陰陽五行」的內容。漢代的天道思想之所以走上以「陰陽五行」為主的氣化的宇宙論，原因可能即是在物性勃發的當代，心力不足以統御物性世界，以致無法將其推上較高的本體思維的層次〔註21〕。這與北宋濂溪、橫渠

〔註17〕 《正蒙·太和篇第一》，《張載集》（臺北：里仁書局，1981年12月，頁9）。

〔註18〕 〈西銘〉語。見《正蒙·乾稱篇第十七》，《張載集》頁62。

〔註19〕 〈太極圖說〉此處用「真」字可能是受《老子》第二十一章「窈兮冥兮，其中有精；其精甚真，其中有信」之影響。

〔註20〕 「二」指陰陽，「五」指五行。

〔註21〕 由於漢代學術受陰陽五行數術觀念的影響多，較落於宇宙論層次，因此才引發魏晉時代對本體論思維方向的追求。近代學者湯用彤所謂：「漢代官天道於物理，魏晉則黜天道而究本體」一語最足以說明此一學術流變。

的氣化本體論背後帶有一股強烈的心力主宰的情況是不一樣的〔註22〕。

四、明道「元來只是此道」的本體論思維

濂溪、橫渠的氣化結構固然不能說沒有「心」的成分存在，然究竟是以太虛一氣爲首出的思想結構，在心物的對應關係上，其本體論思維在「形式上」終究是較傾向於氣。然而接下來的明道在本體觀念上與周、張二人已有不同〔註23〕。明道的本體觀念並不以太虛氣化爲首出，而是將心、物兩邊加以挽合：

> 道一本也。或謂以心包誠，不若以誠包心；以至誠參天地，不若以至
> 誠體人物。是二本也。〔註24〕

明道強調「一本」，顯示其本體論的思維已經傾向於心與物的平衡。因此又主張「性氣合一」：

> 生之謂性。性即氣，氣即性，生之謂也。……人生而靜以上不容說。
> 才説性，便已不是性。〔註25〕

然而如果單從「性氣合一」的角度來看，明道與濂溪、橫渠其實並無多少不同〔註26〕。不同的是周、張的本體觀念主要落在原始清通的氣能上思維，用以解釋天地萬物與生命的存在本質；而明道則是在此宇宙天地之氣上再加上人類的理性之心。

> 《繫辭》曰：「形而上者謂之道，形而下者謂之器」。又曰：「立天之
> 道曰陰與陽，立地之道曰剛與柔，立人之道曰仁與義」。又曰：「一陰一陽
> 之謂道」，陰陽亦形而下者也，而曰道者，唯此語截得上下最分明。元來
> 只是此道，要在人默而識之也。〔註27〕

明道首先必須肯定《易經・繫辭傳》中的「一陰一陽之謂道」，因爲「道」不能離於「陰陽」，但「陰陽亦形而下者也」，在明道的思想結構中已明白指出「陰陽爲形而下」。這一句話在中國思想史上實屬平常，但是在周、張以至明道的思想演變過程中

〔註22〕濂溪曰：「誠者，聖人之本」（《通書》首章），將「天道」與「人性」之「誠」都歸之於聖人之身；橫渠則有「大心」、「天心」的觀念。顯示其心包太虛之胸襟。都足以說明戰國後期與北宋兩個時代，其氣化本體論背後的心物對應關係是有差別的。

〔註23〕明道對「清虛一大」的觀念頗有微辭，即可見其對橫渠「太虛即氣」的思想結構不以爲然。

〔註24〕《河南程氏遺書》卷十一。《二程集》（臺北：漢京文化事業有限公司，1983年9月，頁117）。

〔註25〕《河南程氏遺書》卷一。《二程集》，頁10。

〔註26〕濂溪、橫渠與明道都屬牟宗三先生所謂「縱貫系統」下的思想結構，凡屬此系統者大多主張性氣不分。

〔註27〕《河南程氏遺書》卷十一，《二程集》頁118。

卻十分值得注意。濂溪與橫渠從來不用「形上形下」的分別來定位「陰陽爲形而下」。明道說：「唯此語截得上下最分明」，「此語」指「形而上者謂之道，形而下者謂之器」，可見其思維中有形上與形下之分。「道」本應該是形而上，「陰陽」本應該是形而下。然而《繫辭傳》偏又說：「一陰一陽之謂道」，因此也不能排除陰陽是「道」。但明道終究認爲須以「形而上者謂之道」者爲本體，因此最後總結爲「元來只是此道，要在人默而識之」。如果將明道這一連串反反復復的文字總合起來，可以看出明道其實是要跳脫陰陽的層次來建立其形上的道，但又不能完全脫離做爲萬物生化本質的氣化世界，否則對天地萬物存在的解釋將有所缺陷。再者，明道形上與形下的兩重思維，其實正代表其本體思想中「心」與「物」兩種力量的平衡對應。明道的理學思想同樣帶有闢佛的目的，相較於周、張從氣化的生生不息來建構宇宙天地之實有，明道則傾向於建立一個「不離於陰陽氣化而卻又帶有人類理性主宰味道」的「本體之道」。

明道所謂「道」的內容其實就是「天理」：

> 吾學雖有所受，天理二字是自家體貼出來！

「天理」可以在主觀面指吾心之內在本體，也可以在客觀面指天地萬物的生生不息，是一個可以將「天道」與「性命」相貫通的本體觀念。這個觀念明道也稱之爲「仁」。

> 「天地之大德曰生」，「天地絪縕，萬物化醇」、「生之謂性」。萬物之生意最可觀，此「元者，善之長也」，斯所謂仁也。人與天地一物也，而人特自小之，何耶？〔註28〕

「仁」本是人與人之間基於同體的惻隱之心，而明道卻將它擴大成「天地生物之心」〔註29〕。既然強調「生物」，則「天地絪縕，萬物化醇」的氣化也必須納入「仁」的內容之中。藉著仁的擴充，人並不渺小，其大可與天地爲一。由上文所述，如果將明道的「道」、「天理」與「仁」的觀念拿來與濂溪的「無極而太極」以及橫渠的「太虛即氣」做比較，可以看出北宋時代本體論的思維在此一階段確實有「由物向心」的方向逐漸移動的趨勢。周、張二人先從宇宙天地萬物實有的角度建立

〔註28〕《河南程氏遺書》卷十一，《二程集》頁120。

〔註29〕魏晉時代王弼主張「聖人體無」，聖人指孔子。既是儒家之聖人，何以不曰「體仁」，而曰「體無」。原因在於魏晉時代儒家的「仁」仍指家庭父子親情之人際關係，其格局小，無法符合玄學形上理論的要求，故以道家之「無」來凸顯與天地萬物爲一的大格局的宇宙生命觀。到了宋明時代，理學家既然志在闢佛老，興儒學，則自然不能再使用魏晉人所提倡的帶有道家意味的「本無」觀念，必須回歸傳統儒家的「仁」。基於當代大格局的生命觀的需求，「仁」的內容乃從人與人之間的惻隱，擴大到帶有形上意義的天地生物之心。明道是宋明理學史上第一個開顯此義者。

其天道思想結構，明道再從心與物統合的角度建立人之所以立足於天地的本體，二者同樣都是企圖建立「存在實有」的解釋基礎，但方向顯然有由「物」轉向「心」的趨勢。

五、伊川、朱子靜態的理世界事實上是「理性心」的反射

明道的本體論觀念雖然已經從周張的太虛氣化轉而涵蓋到生命的理性主宰，然其所謂「道」仍然不離氣化的基礎。到了明道之弟伊川，其本體論觀念又有了相當大幅度的改變。明道的本體觀念是中國思想史上傳統心物合一思維之下最具代表性的通義；而伊川則有不同的思維方向。伊川的本體論觀念後來幾乎完全為朱子所承襲，形成了後來「程朱」的理學體系。

伊川的本體論思想最重要者在於擺脫氣化的層次，向上推高了一層，建立一個與形下氣化世界為二元的超越的形上本體。由於超越了氣化層次，所以這個本體觀念失去了生生不息的動化之能，變成一個「靜潔空闊」的世界。因此在觀念工具上也較常稱這個新的本體論觀念為「理」〔註30〕。

由於伊川將理、氣分為二元，因此對傳統《易傳》中論及本體論的文獻的解釋也與明道不同：

「一陰一陽之謂道」，此理固深，說則無所說。所以陰陽者道。既曰氣，則便是二。〔註31〕

離了陰陽更無道，所以陰陽者是道也。陰陽，氣也。氣是形而下者，道是形而上者。形而上者則是密也。〔註32〕

伊川不知如何解釋《繫辭傳》中的「一陰一陽之謂道」這句話。在伊川的觀念中，「氣是形而下者，道是形而上者」，因此伊川用了「增字解經」的方法：認為陰陽不能是道，「所以」陰陽者才是道。加上「所以」兩字，表示伊川已將「道」與「陰陽」分割成二元的世界。這同時導致伊川對原本一體的與道德修養有關的生命境界也產生分裂：

仁之道，要之只消道一「公」字。公只是仁之理，不可將公便喚做仁。
〔註33〕

孟子曰：「惻隱之心，仁也」。後人遂以愛為仁。惻隱固是愛也，愛自

〔註30〕當然從伊川的理學文獻上看，「道」的名稱有時仍然被使用。
〔註31〕《河南程氏遺書》卷十五。《二程集》頁160。
〔註32〕《河南程氏遺書》卷十五。《二程集》頁162。
〔註33〕《河南程氏遺書》卷十五。《二程集》頁153。

是情，仁自是性，豈可專以愛爲仁？〔註34〕

「公」不是仁，公只是仁之理。「愛」不是仁，愛之理才是仁。伊川這種二分法導致其解釋《論語・學而篇》「孝悌也者，其爲仁之本歟！」之時令人不解。

蓋孝弟是仁之一事，謂之行仁之本則可，謂之是仁之本則不可。蓋仁是性也，孝弟是用也。性中只有仁義禮智四者，幾曾有孝弟來！〔註35〕

伊川此義，被朱子收入《論語集註》，引起清代學者的非議〔註36〕。而南宋時代的朱子在這一方面的觀念與伊川完全相同，因此也有二分式的解釋：

上蔡以知覺言仁。只知覺得那應事接物底，如何便喚做仁？須是知覺那理方是。

不覺固是不仁，然便謂覺是仁，則不可。〔註37〕

正因爲形上形下被打成兩截，傳統觀念上道與陰陽之間的「生成義」消失。因此伊川與朱子都不能接受老子「虛而生氣」的觀念。伊川朱子都將形下的氣化看成一個本來存在的物性世界，而與形上的理世界相對應。這種二元的對應結構，表示形上理世界對形下氣化世界的超越與跳脫，其意義則是在於對形下世界的籠罩與掌握。本文認爲：伊川與朱子所建立的超越的形上理世界事實上就是人類終極理性的昇華與反射，是一種肯定人類社會存在著一個「永恆不變之眞理」的心理意識之反映。這個推斷的基礎就在於伊川「性即理也」的觀念。

依照伊川的二元論：「性」是心之體，而氣是「理」之用。前者代表生命，後者代表宇宙天地。因此「性即理」即是表示「主觀生命」與「客觀天地」在形上本體層次的統合。「性」既然是心氣之上的靜態之體性，則當然可以解釋爲人之所以爲人的道德理性。在人之體與天地之體統合之時，天地萬物流動所依據的客觀理則自然轉化而成爲人之所以爲人的道德理性。伊川與朱子「性即理也」的理學觀念顯示出一種對人類社會存在有一客觀而永恆之理則的肯定。伊川的「理」是「靜態」的，靜態的意義其實就是表示永恆與不變。而肯定人類世界存在著一個永恆不變的理則，是人類以理性之心來安定形下世界的意識形態與企圖心〔註38〕。追根究底也是

〔註34〕《河南程氏遺書》卷十八。《二程集》頁 182。

〔註35〕《河南程氏遺書》卷十八。《二程集》頁 183。

〔註36〕見清代錢大昕《十駕齋養新錄》卷三「程子言性中無孝弟」條。《嘉定錢大昕全集》第七冊，（南京：江蘇古籍出版社，1997 年 12 月，頁 61）。

〔註37〕《朱子語類》卷一百零一「程子門人―謝顯道」。（臺北：華世出版社，1987 年 1 月，頁 2562）。

〔註38〕這種思想型式通常產生在對穩定有持續需求的承平時代，或是接近統治王朝中心的主流地域。

「心」對「物」主宰的意識表現。

伊川建立理氣二元的思想結構，將本體觀念推高一層而形成靜態的形上本體，這在中國思想史上幾乎是空前的〔註39〕。環視中國思想史，朱子幾乎是伊川唯一的繼承者〔註40〕。伊川與朱子何以改變傳統性氣合一之下「道」的觀念，而必欲將形上之理與形下之氣拆成二元，這其實與在宋代極為發達的佛教禪宗思想有所關聯。

中國禪宗發展到宋代之時，已是六祖之下第八、九代弟子的時候了。禪宗經過了達磨以前依經典修禪，以及達磨之後藉教悟宗的時代，在六祖弟子南嶽懷讓及再傳馬祖道一之時，開始進入實踐六祖慧能「但用此心，直了成佛」的喝佛罵祖，空無依傍的時代。馬祖道一從「平常心是道」的禪學中開展出「接機」的禪門風格。擎拳豎拂、挑水劈柴無不是祖師證量；一舉手，一投足，皆是如來藏自性清淨心。

禪宗這種以日常言語動作即是本體自性呈現的觀念，自然無法得到某些傳統中國士人的認同。原因在於儒與佛對「物性存在」的看法有嚴重差異。佛教主張緣起性空，以萬物為虛妄，根本不承認物的「自性」；而儒家則認為萬物都由陰陽氣化而有天命之「性」，依於此物性之實，必有一外現之「理」，而此理為固然。因此儒家認為「心」必須依於「物」。而佛教則否定物性，認為「物」不過是暫時因緣和合之下的假名安立，法無定法，唯心所現，因此「物」依於「心」〔註41〕。因此依禪者之觀念：心之「迷」「悟」乃成為聖凡之疆界。心能轉則萬法皆是；若迷則萬事皆非。心性未開，縱使孝順父母、樂善好施仍是有漏；若能明心見性，則擎拳豎拂、挑水劈柴無非是道，甚至酒家妓院皆是道場。

由於禪宗以聖凡決於迷悟。一但透入本參，本體工夫打成一片，則揚眉瞬目，應對進退，都是本地風光。儒家學者本無禪宗一透本參則頓地超凡入聖的觀念，善惡當然不能離於客觀之事相，因此儒家學者極重視敦品勵行、明分善惡，認為在成聖成賢之前有一段長遠的德行修養的過程。而縱使德行成就，依然是依事相明分善惡而導人於善，也絕無禪宗喝佛罵祖，以「非道為佛道」的怪誕行為。

由此觀之，唐宋以來的禪宗思想，對意圖重振儒家傳統道德修養的理學家自然可能產生某一程度的負面影響。對儒家學者在因地修行的工夫上產生混淆，使得初學者誤以為工夫當下即是本體，不免混漫了道德修養的「過程」與「境界」的分別，

〔註39〕伊川靜態的理世界的本體觀念與魏晉時代王弼的「本無」思想，在思想結構上十分相近。然而明白指出「道非陰陽也，所以一陰一陽道也」，則以伊川為第一人。

〔註40〕伊川與朱子弟子眾多，然無一人在理氣二分的思想結構上承繼師說。

〔註41〕這兩種不同的心物關係之觀念，決定了儒佛兩家不同的人生觀與生命態度。中國歷代學者之闢佛，其理論幾乎都不離於此一差異性。

以致影響學者不能老實地堅持長久的修養歷程。

　　當然這種來自於禪宗的干擾，對某些天資圓融的學者如明道、象山似乎影響不大，但是對穩重踏實，以嚴肅慎重之態度面對人心疵病的伊川，自然不能等閒視之。伊川認為學者最重要的就是針對人心性中的染汙習氣老實下滌盪的工夫，因此伊川不希望禪宗這種工夫與本體不分的「作用是性」的觀念阻礙或干擾這一段歷程，致使學者在實踐的過程中因好高騖遠而走上歧路。

　　這個顧慮使得伊川在本體論思想的建構上做了修正。為了不使實踐工夫的歷程受到干擾，伊川乾脆將「本體」觀念往上推高一層，使本體與實際修行世界分立成形上與形下的二元世界。明白的提示學者：做為主觀生命主體的「性」與客觀世界主體的「理」二者雖是一體，然而此一形上之性理本體在學者於現實世界的心氣生命中實際從事道德實踐的當下並不會立即呈現。修養實踐過程當下只是「生理」與「心理」的活動，而不是「性理」的展現。必須等到工夫成熟，水到渠成，才能「一旦豁然貫通焉」而達到「眾物之表裏精粗無不到，吾心之全體大用無不明矣」的境界〔註 42〕。

　　上來所述，可知明道與伊川之間在本體論思想上有其差異性。「氣即性」的觀念代表明道雖然已擺脫橫渠太虛即氣的本體思維，加入了人的理性主宰，然而仍然承認萬物有其存在的客觀性，認為存在的解釋應該是主觀生命與客觀環境的一體統合；而伊川則建立一個「純理的形上本體」觀念，將人類的理性之心轉化成一客觀的性理觀念，以做為安定形下社會的形上根據，同時也迴避了禪宗「作用是性」觀念之下形上本體與形下工夫混漫不分所造成的迷霧。若以心物對應關係的角度看，從明道到伊川，心力是更加強了。

　　然而伊川對禪宗「作用是性」的抗拒卻又展現另一層次的意義。禪宗作用是性的本質其實是絕對主觀的唯心論。這在心物的對應關係中是「物」對「心」的絕對傾斜，表示「物」完全被「心」所包含。中國士人傳統以現實政治社會的穩定為終極關懷，縱使強調心力的主宰性，然終究不敢完全否認「事物存在的客觀性」。加上宋代的理學家幾乎都有強烈的闢佛意識，對於佛教「萬法唯心現」的觀念無法接受。然而上文已隱然指出：伊川朱子「性即理也」思想所建立的形上靜態的性理觀念事實上是「心力世界」對「物性世界」的掌控企圖的反射，這背後其實已經是一個主宰心的觀念〔註 43〕。在這種心對物的統御力量逐漸增強的演變態勢之下，終於在宋明理學發展的後期產生了陽明絕對唯心論的思想體系。

〔註 42〕此借用朱子〈大學格物補傳〉之語。
〔註 43〕只是這個主宰心的本質仍然是立基於永恆不變的客觀理則而已。

六、陽明「良知生天生地，成鬼成帝」的本體論思想

　　上文提及：伊川「性即理也」的思想結構完全爲朱子所繼承。然而朱子的理學其實也有進一步的發揮，此即是「心統性情」的觀念〔註44〕。心之體曰性，心之用曰情，而心則兼挽性、情。由此可見，朱子雖然也肯定一個靜態的形上理世界，但「性理」究竟只是一個消極的靜態的規定，在「理先氣後」，但「氣強理弱」的觀念下，人類生命與社會發展的動力終究要落實在有知覺能主宰的「心」之上〔註45〕。如果就整體宋明理學史的角度來看：其實朱子理學的價值，有一部分正是將理學的重心點從「理」轉移到「心」。

　　朱子提出「心統性情」的觀念之後，其弟子後學已面臨政治局面傾頹的南宋後期。或許因爲偏安的時代，政治穩定的局勢已不存在，因此肯定一客觀形上之理的心理意識已經大幅降低。從思想史上來看，朱子之後的學者如陳北溪〔註46〕、眞西山〔註47〕、黃東發〔註48〕等人論學大多傾向於討論實際的「心」而少言抽象的「性理」。直到明代早期的學者，如薛敬軒、吳康齋、胡敬齋諸人，雖受程朱理學的影響，主張「格物窮理」。然由於時代之限制，其所謂格物窮理已不是大格局的政教改革，而只是日常人倫道德之實踐，這自然只能限於自我身心之體驗〔註49〕。因此其討論形上性理的動力自然不及其注意形下之心了〔註50〕。

　　從中國的歷史上看，陽明所處的明代，並不是一個政治清明的時代，讀書人受統治者尊重的程度似乎也不及宋代。政治上隱含了太多的不穩定因素，使得思想上執持一個不變的客觀的形上理世界的思維傾向很明顯降低了。加上理學已發展了四

〔註44〕「心統性情」一語原始出於橫渠《張子語錄・後錄下》。見《張載集》，頁 340。

〔註45〕錢賓四先生在其理學巨著《朱子新學案》中即一再強調朱子的理學其實是一套心學，曾曰：「朱子之學徹頭徹尾乃是一項圓密宏大之心學」。見該書第二冊「朱子論心與理」部分之首頁。

〔註46〕陳淳的《北溪字義》最值得注意之處在於其對朱子「心」義的綜合闡釋。當然陳淳的目的可能是爲了補朱子之不足，以對抗象山之學。

〔註47〕眞德秀有《心經》一書，以孟子性善爲主，引用周、程、朱之語討論心與主敬的道德修養問題。

〔註48〕《黃氏日鈔》卷八十六〈省齋記〉曰：「心者，吾身之主宰。靈明廣大，與造化相流通」。東發主張「道」即在日常之中，主張躬行實踐。論性則認爲孔子「性相近，習相遠」能包舉大體，而孟子之性善不過是特指本源而已（《日鈔》卷五十九〈讀韓文〉），可見其不喜言本源之性理。東發思想似亦近於南宋永嘉功利學派。

〔註49〕這可見理學家建立「形上之理」的思想背景常是一個較爲大格局的政治社會的關懷。

〔註50〕古清美先生在〈明代前半期理學的變化與發展〉一文中曾注意到明初的學者在對程朱心性論的論述上有朝向心學演化的傾向。可參看。該文收入《明代理學論文集》（臺北：大安出版社，1990 年 5 月，頁 1-41）。

百年，當初北宋時期闢佛的時代需求也有所轉移。唐代之後，佛教哲學在理論建設上雖然已逐漸走下坡，然而在社會民間的普及化方面卻與日俱增〔註51〕。儒家與佛教之間思想融合的進展使得闢佛的正當性大大降低。對抗性降低之後，理學思想受佛教影響的程度其實又更深了。而佛教本來就是重主觀之「心」超過於重客觀之「理」，若由此一角度觀之，陽明基本上就是處於一個傾向於心學的時代〔註52〕。

陽明良知學的建立固然有其時代因素，與其一生的遭遇也有關係。明武宗正德元年〔註53〕，陽明因營救戴銑等人而得罪閹宦劉瑾，廷杖四十，貶謫貴州龍場驛。劉瑾甚至派刺客尾隨，欲置陽明於死地。此時之陽明一生父子親情、家業、功名都已成灰，甚至一己之肉身生命也在瘴癘之氣與刺客威脅之下朝不保夕，一切都決於他人之手。陽明自念：到此一步田地，究竟有何一物真能屬於己？在萬物剝盡，一絲不掛之時，忽然迴光返照，唯此一「心」是我，此是絕對自主之地，他人萬萬不能奪。陽明中夜大悟，於是說：「聖人學問，吾性自足」。因此陽明的「良知」之學自然是傾向於絕對主觀的唯心論。陽明首先用「明覺」來解釋「良知」：

> 蓋良知只是一個天理自然明覺發見處。只是一個真誠惻怛，便是他本體。〔註54〕

> 良知是天理之昭明靈覺處。故良知即是天理〔註55〕。

陽明將「天理」與「良知」挽做一處。所謂「自然明覺發見處」，「自然」或許出於天理，然所謂「明覺」、「發見」必須落在人心之主宰上。處在一個惡劣的環境之中，外在客觀世界的依傍減少，治國平天下成為遙不可及的奢望之時，人的生命格局自然會向內在身心回縮，而企求一個小生命的自我圓滿。由於抖落了外在政治社會龐大物性世界之羈絆，繁華落盡見真淳，在自我圓滿的實現中，反而更見此心主宰之

〔註51〕 唐代之前的佛教似乎是士大夫的佛教，而宋代以下則逐漸走上平民化的佛教。佛教深入民間社會，佛教思想逐漸成為中國思想史的一部份，佛經語詞成為普遍使用的成語，佛經典故成為中國傳統的民間信仰，造成一般人儒佛不分的現象。這種情況其實是在宋代以下近一千年中逐漸演變發展而成的。

〔註52〕 當然思想的發揚與當事者有最直接的關係，因此陽明之所以發展出絕對主觀的唯心論與其性格取向及一生之逢遇關係自然最為密切。然而如果用明代理學思想的整體發展來思考：姚江之學在百年之間傳遍大江南北，致使「嘉、隆而後，篤信程朱，不牽異說者，無復幾人矣」、「至專門經訓，授受源流，則二百七十餘年間，未聞以此名家者」（《明史‧儒林傳》語）的情況。陽明之心學幾乎取代了做為科舉考試功令的程朱理學以及傳統經訓之學，則亦可見整個明代思想上的傾向了。

〔註53〕 公元 1506 年。

〔註54〕 《傳習錄》卷中。《王陽明全集》上冊，（上海：上海古籍出版社，1997 年 8 月，頁84）。

〔註55〕 同上，頁 72。

凸顯〔註56〕。於是陽明曰：

> 良知是造化的精靈。這些精靈，生天生地，成鬼成帝，皆從此出。眞
> 是與物無對。〔註57〕

> 朱本思問：「人有虛靈，方有良知。若草木瓦石之類，亦有良知否？」
> 先生曰：「人的良知，就是草木瓦石的良知。若草木瓦石無人之良知，亦不
> 可以爲草木瓦石矣。豈惟草木瓦石爲然，天地無人的良知，亦不可爲天地
> 矣。蓋天地與人原是一體，其發竅之最精處，是人心一點靈明。」〔註58〕

陽明這幾段文字，已將中國本體論思想推上主觀唯心論的最高峰。「良知是造化的精
靈」、「生天生地，成鬼成帝，皆從此出」實在是千古以來之儒者所不敢道。不但已
將「物」完全納入「心」的掌握，甚至進一步以「心」爲「物」之所從出。良知之
心已成爲創生天地萬物的造物者，這種思想比起佛教華嚴思想中的「一眞法界，無
盡緣起」、「萬法唯心所現」恐怕是有過之而無不及了〔註59〕。

如果將陽明良知之學與伊川朱子「性即理也」的思想結構加以比較，可以發現
其中心、物對應關係的轉變：伊川雖然認爲人終究可以與天地爲一，但仍必須肯定
天地萬物客觀存在的「理」。甚至與陽明合稱「陸王」的象山，雖與陽明同樣主張「心
即理」，但卻從來不說「天下無心外之物」之語〔註60〕。可見象山與陽明雖同屬心
學，但是在心物的對應關係上仍有些許的不同。象山仍認爲萬物在某一程度上仍有
其存在的客觀性〔註61〕，而陽明則一切皆歸之於主觀之心知〔註62〕。

〔註56〕 這種現象與魏晉玄學中的「崇有」思想類似。在魏晉亂世之中，「天下多故，名士少
　　　　 有全者」，因此士人不圖政治的作爲，轉而追求一種自我小世界的圓滿。郭象解《莊》，
　　　　 以「小大一」解釋逍遙義，於是掩蓋了莊子「小知不及大知」的本義，反而提倡「物
　　　　 任其性，事稱其能，苟當其分，逍遙一也。豈容勝負於其間哉！」的觀念，強調任
　　　　 何一物都是「各反所宗於體中而不待乎外，外無所謝而內無所矜」（〈齊物論〉「罔兩
　　　　 問景」注）的一個圓滿自足的存在。魏晉的崇有論乃是在亂世之中士人擺落政治作
　　　　 爲之時，藉著此自我小世界的圓滿來強調與天地爲一的生命價值之體現。
〔註57〕 《傳習錄》卷下，《王陽明全集》頁104。
〔註58〕 同上，頁107。
〔註59〕 至少佛教並不強調「心」與「物」之間的生成關係。
〔註60〕 《傳習錄》卷下：「先生遊南鎭。一友指岩中花樹問曰：『天下無心外之物，如此花
　　　　 樹，在深山中自開自落。於我心亦何相關？』先生曰：『你未看此花時，此花與汝心
　　　　 同歸於寂。你來看此花時，則此花顏色一時明白起來。便知此花不在你的心外』」（《王
　　　　 陽明全集》冊上，頁107）。此一段文字即是有名的「南鎭問答」公案。友人所謂「天
　　　　 下無心外之物」正是陽明平日之主張。
〔註61〕 象山只說：「道外無事，事外無道」（《象山先生全集》卷三十四。（臺北：世界書局，
　　　　 1979年6月，頁251）。道須有人心之選擇，而萬事萬物都不離吾心之選擇。又說：
　　　　 「天下之理無窮。若以吾平生所經歷者言之，眞所謂伐南山之竹，不足以受我辭。

七、結 論

上來所述，本文從宋明六百年理學中選擇具有代表性的濂溪橫渠、明道、伊川朱子以及陽明，就此四個階段中本體論觀念的演變，以心、物對應關係的改變爲觀察角度，歸納出其演進的模式。並以之與宋代以前的本體論思想發展模式來試圖做一比較。本文發現二者之間有相當程度的類似性：第一階段通常以氣化建立宇宙天地之實有，第二階段則比較上呈現心物平衡的現象，第三階段則心力加強而轉化成一客觀的形上之理，最後的第四階段則發展出絕對的唯心論，形成心完全掌控物的局面。

就此一演進模式來看，人類社會的文明發展如果在短時間之內呈現一個明顯的高峰，由於心力來不及反應，物力會對心力造成擠壓而呈現超越的現象。但是在以下社會文明的持續發展之中，心力則會逐漸反撲，企圖對物性世界加以統御，最後甚至會發展出心力絕對壓倒物力的唯心論思想。這種現象符合了儒家肯定人類社會必須在文明累積的進程中才能發展的思維。上文提及儒道兩家對此一問題的看法正好相反。道家認爲物質文明的累進將給人類帶來痛苦，而且人類的心靈世界也將受到物性文明的干擾與破壞；而儒家則認爲物性世界愈發達，人的心力也相對的愈強。如今就上文所描述的四個本體論思想發展階段來加以觀察，中國思想史上心物對應的關係，似乎和儒家的觀念模式較爲吻合。

本文作者另外發現：這種本體論觀念的演變模式如果用在中國禪宗史上來觀察所謂「禪觀」內容的演進，似乎也有某一程度上的類似性：

漢末月氏僧人支婁迦讖來華傳譯《道行般若》，以迄鳩摩羅什與僧肇之譯《龍樹三論》，此時之禪法傾向定慧等持〔註63〕，其禪觀之內容以「般若空性」爲主。而同時的僧叡、道生已將般若空性與《涅槃》、《法華》中的佛性思想結合，將「般若性空」轉爲「佛性實相」之義。將成佛由外在宇宙萬法實體之體認轉而爲對內在生命體性之證悟。到了唐代禪宗六祖慧能之時，則「佛性」又轉而成爲「自性」，禪觀的本質轉而成爲吾人一己之自心現量。這種由「空性」、「佛性」再轉成「自性」的

然其會歸，總在於此」（同上，頁 253）。象山只說事物之理可以會歸於吾心，但與陽明「天下無心外之理」的觀念究竟仍有差異。

〔註62〕象山認爲「仁義禮智」是心之「全德」，「知」只是心之一表德。然陽明卻認爲「知」才是心之全德，而「仁義禮智」只是一「表德」（《傳習錄》卷上）。象山落腳在「本心」上，而陽明則落腳在「知」上。請參看徐復觀先生〈象山學術〉，收入《中國思想史論集》（台中：中央書局，1959 年 12 月，頁 49）。

〔註63〕這與漢末最早傳入中國的安世高的「安般禪法」有所不同。安世高所譯《安般守意經》的禪法比較重「定」，略微帶有神通的神秘色彩。

演進軌則，似乎也符合了中國本體論思想史「由物向心」、「由外向內」的發展模式。

　　本文企圖以思想史的方法透過心物對應意識的觀察來尋繹宋明理學數百年來本體論觀念演進的架構，並與理學之前的思想史中的本體思維模式比較，企圖找出中國思想史上本體論觀念演變的基本模式。思想史也是歷史解釋的一環。當然，現代學者認為歷史的解釋是斷裂與偶然的，企圖以簡單的模式結構來解釋複雜且多元的歷史現象是容易引起質疑的，因為在單線的判斷中會掩蓋很多交錯的細節。然而掌握歷史演變的大方向以解釋存在的意義，其實也是人類在面對自己與天地之時內心隱藏的需求。

　　本文必須承認，這樣的研究方法是有其局限性的。本文只是就幾個歷史階段中某些具有代表性的學者的思想特性，以觀念分析來歸納其本體論思想演變的模式，做出某種意義上的「詮釋」而已。並不能完全解釋中國思想史上的每一個環節。因此本文的研究自然不可能得到每一位學者的認同。

　　本文最後的問題是：這樣的心物對應模式在人類社會演變的進程中是否將週而復始的循環下去？明清以下中國開始面臨西方強勢的物質文明的影響，科學突飛猛進，人類的知識以幾何級數方式增加，甚至於今天已經進入數位化電腦的時代。當人類操控無數的生活中所無法脫離的機器之時，只能亦步亦趨的尊照固定而冷漠的物理原則，人類的心反而完全被物性所籠罩。今天的量子物理學已顛覆了心與物的界限，而腦神經醫學已在某一個範圍內以物質原理來解釋甚至控制人類的精神現象。這似乎又回到「心依於物」的時代。當然，人類社會以下的發展是否也將依照本文所詮釋的心物對應之模式，則自然是本文所無法預知的。

附錄二：橫渠「太虛即氣」的思想結構及其所受之誤讀

全文提要

　　本文主要藉由程朱與近代牟宗三先生對北宋橫渠理學文獻的誤讀，來反顯橫渠「太虛即氣，聚散生萬物」的思想結構。歷來對橫渠思想的解釋有「理本論」與「氣本論」二路〔註1〕，本文主張橫渠的思想屬氣本論結構。本文歸納北宋時代對抗佛老思想的「肯定宇宙天地之實有」及「天道性命相貫通的大格局生命觀」的兩大思想主軸，來做為疏解橫渠太虛氣化體系的思想基礎。本文以古代中國人「天人同體的環境意識」來解釋中國傳統基於陰陽氣化的心物合一的思想，並且認為橫渠的思想結構就是這種先秦以來「與元同氣」思想進一步的引申與發揮。

　　本文末後部分則藉由分析明道、伊川、朱子及近代牟宗三先生對橫渠思想的另類解釋，來闡明橫渠與程、朱、牟等人的理學詮釋及其對時代認知及祈望的不同，顯示理學文獻在不同時代所引起的不同解讀。而所謂「誤讀」其實代表一種思想上的再創造。

　　關鍵詞：橫渠、宋明理學、太虛、氣本論、理本論、程朱、牟宗三

〔註1〕 本文所謂「氣本論」指以氣化為首出的本體論思想，主張宇宙天地不論心、物皆以氣能為生化之本質，其所謂「體」是「體質」之義。而「理本論」則是將上述的氣化內容視為形下，而另外建立一超越於氣化世界之上的「形上理體」的本體思維，其所謂「體」是「理體」之義。前者的體用關係是「同質性」的，而後者則是「異質性」的。

一、前　言

　　有關宋代張橫渠的理學思想中「太虛即氣」的觀念，前人已多有討論。其結論不外兩個方向：一是以「太虛」爲形上之理體，與「氣」對顯成一個形上與形下的體用關係結構；而另一個方向則是以「太虛」爲氣的清通的本然狀態，「太虛」即是「氣」，二者不過是清濁的層次不同而已。前者包括宋代的朱子，而以近代的牟宗三先生爲最重要的代表人物；後者則以馮友蘭、勞思光爲代表。大部份的中國學者也都傾向於以氣化論解釋橫渠的「太虛」觀念〔註2〕。

　　這兩種不同的詮釋方向都可以建立在橫渠《正蒙・太和篇第一》中的：「太虛無形，氣之本體」一語。而其中的關鍵又在於「本體」一詞意義的詮釋。在橫渠之前的中國思想史上，「體」字基本上有兩種含義：一指「體質之體」，一指「理體之體」。這兩種意義正好就是上文所說的當代學者對橫渠「太虛與氣」觀念的兩種詮釋方向。本文即由此一角度下手，先約略論述中國思想史上兩種「體用」觀念的發展，以推斷橫渠理學的理論建構方向，並透過朱子與近代牟宗三先生對橫渠思想的詮釋來反顯橫渠思想在宋明理學史上的意義。

二、中國思想史上的兩種本體論思維

　　上文所提及的兩種「本體」觀念中，所謂「體質性的本體」即是中國人傳統所謂「氣化生萬物」的觀念，這是中國人的天道觀中用以解釋天地生化萬物的通義。中國人在早期思想發展的時期，何以傾向於以類似現代科學中所謂「能量」的「氣」觀念來解釋生命與宇宙天地的本質與活動？本人在之前的研究中已做出解釋〔註3〕。今只略述其中的重要結論：

　　　一、以中國古文明的發源地長江與黃河流域爲基準，正處於北半球的溫帶地
　　　　　區；且幅員廣大，本來就適合大規模社會之發展。
　　　二、大河流域雖可能有水患，然另一意義也代表水資源豐富，適合於農業社會
　　　　　之發展。
　　　三、溫帶地區以農業爲主的田園環境氣候溫和，四季變化分明，使得中國人

〔註2〕　這與馬克思思想崇尚唯物論有關。
〔註3〕　請參看拙著〈中國先秦時代氣化本體觀念的醞釀與形成〉之第一節「中國先民的環
　　　　境條件與本體思維形成之關係」，《靜宜人文學報》第 18 期，2003 年 7 月。另外本
　　　　人於〈中國思想史上的兩種本體論思維〉一文中之第一節「先秦體質性本體觀念的
　　　　起源及其內容」中對此一問題也有一些論述。見《東海中文學報》第 15 期，2003
　　　　年 7 月。

感覺到在「生命」與「環境」的互動之中，人類對其所處的賴以爲生的環境
在某一程度上是可以掌控的。這種對生存環境所產生的「可親感」與「一體
感」，促使了中國人在天道觀念上傾向於在「生命」與「環境」的背後尋求
「兩者共同的存在基礎」之解釋的思維方向。這個思維方向促進了中國古代
「氣化生萬物」觀念的發展。〔註4〕

以上之見，可以用來解釋中國在上古時代以農業爲基礎的大社會形成之時的「環
境意識」。這種意識在先秦時代中國進一步形成大規模的文化社會之時，又再度被落
實。周代文化透過禮樂制度建立了一套以人類共同的價值觀念爲基礎的道德體系，更
進而以此一道德體系塑造了共同的歷史體認，而形成中國大一統的文化意識〔註5〕。

這種基於中國人內在道德價值的歷史文化意識，在進入春秋戰國之時又有進一
步的發展：中國社會由於物質文明的快速進步，以及因相互併吞所造成的國家政治
規模之擴大，使得「物力」世界膨脹。前文言及周代的禮樂文化使中國人逐漸建立
一種以「內在之德」爲基礎的歷史意識，這種「心力」世界到了戰國時代與龐大的
「物性」世界造成了激盪。

這種激盪與影響是相互性的。然而物性世界的存在是客觀的，因此「心」與「物」
之間的相互影響主動性在「心」。當人類面對日益膨脹的物性世界之時，直接感受到
的是心的力量受到制約，人的意志力在龐大的物性世界之前會相對的顯得渺小。但
是人終究是宇宙天地之主宰，因此以心力統御現象世界的發展方向不會改變。當對
象強大到對自己產生壓迫感時，銷解衝突的最好方法就是與對象合而爲一，因此以
「氣」來統合「心」與「物」的思維再度得到了發展的機會。

這種「內在生命」與「外在存在環境」統合的天人合一的觀念其實本來就是中
國人長久以來的「集體潛意識」，這種潛意識終於在戰國時代的中後期形成了比較清
楚的氣化論。被後代稱爲「道家思想」的先秦天道大格局的思維就是建立在氣化論
之上的〔註6〕。這種思想首先由「陰陽」觀念發端，最後開展出《呂氏春秋》所提
出的「與元同氣」的觀念〔註7〕。以「元氣」來籠罩整個天地萬物的觀念也同時成

〔註4〕 相較於中國，埃及與巴比倫文明區可耕地狹小，又鄰近沙漠地區，受環境條件制約
　　　　較大，因此容易產生超自然的上帝觀念以做爲生命之依託。而印度較近熱帶地區，
　　　　四季不分明，生長期快而短，有人生是苦，應求解脫之傾向。這都與中國人傾向於
　　　　生命與生存環境一體的「天人合一」之觀念有所不同。
〔註5〕 中國古代文獻中的「天下」一詞正是這種大一統的歷史文化意識的表徵。
〔註6〕 所謂「道家」有溢出老莊之外者，此處所指的是廣義的道家，不止於《老子》與《莊
　　　　子》。
〔註7〕 《呂氏春秋‧應同篇》：「因天之威，與元同氣」、「帝者同氣，王者同義，霸者同力」。
　　　　（臺北：鼎文書局，1984年10月，頁496、497）。

爲秦漢以下大規模帝國政治型態的形上理論基礎。

這種由「元氣」、「陰陽」散生天地萬物的觀念成爲戰國後期以至兩漢時代本體思維的主軸，同時也成了兩千多年來中國人本體論思想的通義。中國人的思想從來不離開現實的政治社會，因此所謂「道」或「天」也就自然的無法離開用以解釋現象界存在與變化的氣化思維。

然而，這並不意味著中國思想中的所謂「道」，其意義可以直接等同於「氣」。宇宙天地究竟仍以「人」爲主軸，人生於天地之中，對其自身之存在必有所自覺。而人類欲解釋其生命存在的意義必然不能外於宇宙天地，此時所展現的反而是「心」對「物」的掌握。「掌握」意味著「解釋」，而解釋又意味著對自我生命存在的「肯定」。這種「自我肯定」是一種生命的境界形態，當然它仍然是以「生命與宇宙天地同源於一氣」的意識形態爲基礎的。而既然是境界形態，必然會帶有形上化的超越性。這也正是爲什麼「道」原本帶有氣化的內容，但卻在思想史的演變中逐漸朝著「超越的形上本體」方向演進的原因。〔註8〕

行文至此，可知中國思想史上的本體觀念可以有兩個思維方向：一個是類似於宇宙生命元質的氣化思維，另一種則是傾向於形上本體觀念的超越思維。這兩個思維方向事實上是人類的生存世界中「心」與「物」的力量相互衝擊所造成的結果。

本文一開始大費周章地闡述中國古代兩種本體論觀念之產生，目的是爲張橫渠理學思想中的「太虛即氣」等系列觀念尋找其在中國思想史上的背景與定位。而想要理解橫渠思想的原義，當然又必須進一步先釐清其與北宋當時思想背景之間的關聯，以及橫渠思想作爲之目的。

三、橫渠理學思想與北宋時代的關聯

橫渠處於北宋中期，佛教已經歷了將近一千年的發展，而且在隋唐時代達到了頂峰。高深的佛教理論對一般民眾影響極小，中國傳統儒者所關心者其實並不在此。然佛教思想中出世解脫的來生觀念，以及建立在「緣起」之上的「性空」觀念，都對中國傳統儒者所致力的現實政治社會發展的關懷產生衝擊〔註9〕。因此理學初起的時候，對佛教之攻擊大多集中在「出世」與「空義」兩個方面。

〔註8〕 魏晉時代王弼「聖人體無」觀念中的「無」，是中國思想史上首先揭示出來的帶有二元論傾向的形上本體觀念。這種將傳統的「道以氣化生萬物」的天道內容降爲形下世界，然後再另外建立一個形上本體以做爲形下世界之依據的思維，由王弼發端之後，到了北宋時代的程伊川終於正式確立。

〔註9〕 當然從佛教傳入中國以來，寺廟擁有大量土地與人口對中國社會經濟所產生的巨大影響，也是傳統儒者反對佛教的原因之一。只是這部份理學家較少論及。

　　儒者想要批判佛教基於空無的出世思想，勢必要強調「現實世界之實有」。肯定宇宙天地存在之實有，其實正是中國傳統思想的舊義。上文所言先秦以來所建立的「元氣」、「陰陽」等氣化之觀念，正好可以做為北宋時代橫渠肯定宇宙天地「實存」的思維基礎。因此如果能針對宋代儒者對佛教思想中「性空」觀念的對抗意識加以觀察，則橫渠以「氣化之實有」來對抗佛教的「緣起性空」，其實正符合了北宋之時對抗佛教思想的時代意義。橫渠的思想落實於《易》，正是因為《易傳》中陰陽繼善的生生不息的觀念最能代表中國人天地「實有」的思維。橫渠強調：

　　　　大易不言有無，言有無者，諸子之陋也。〔註10〕

不言「有無」，就是要肯定「實有」。然而橫渠在肯定實有之時，卻用了一個與「實」在字面意義上相反的「虛」字，而稱「太虛」。這完全是「以至小而成其至大」的觀念思維。中國人肯定萬物實有，但卻從不認為「物」是固定不變的。「物」會變化，「變化」就表示「物」是有條件而可以被分析的。這種分析如果朝向物之組成條件無限進行，即是先秦時代名家所謂的「至小無內」。雖然是「至小」，但絕對不是「無」；雖然不是「無」，卻又是「無限微細」，這種無限微細的存在即是所以組構宇宙萬物之體質的基礎。這種可以成就一切至大的宇宙萬物的「至小存在」，橫渠即稱之為「太虛」。橫渠之所以提出「太虛」正是要針對佛教的「性空」觀念加以駁斥，認為所謂的「虛」、「空」非但不是「無」，反而是成就一切「有」的基礎。「太」者「大也」，「虛」而稱之為「大」，其意義正是上文所謂「以至小而成就其至大」之義。這是橫渠立基於中國人傳統的天道思維，肯定宇宙天地「實存」的思想基礎。

　　北宋儒者闢佛的基調，除了上述強調宇宙生命之實有之外，另一方面則是以天人合一的格局將一己生命擴大至與宇宙天地為一。這種大格局的生命觀其實在先秦時代的道家思想中已經發展出來。到了佛教傳入中國的時代，佛法中「萬法唯心造」的觀念事實上也是這種宇宙人生相貫通的大格局生命觀。這種將生命範圍擴大，超越家庭甚至於超越人類的社會，將天地自然涵蘊在內的思維，是中國社會進入秦漢以下的大帝國型態，同時物質文明不斷累進，知識體系日漸龐雜之下必然發展出來的結果。理學家想要建立一套生命觀來與佛教對抗，自然不能再走回先秦原始儒家以家庭父子之仁為本的舊路。橫渠提出「天性」觀念，主張「性者萬之一源，非有我之得私也」〔註11〕，正是用「氣性」的觀念將天人打成一片的思維。

〔註10〕見《正蒙‧大易篇第十四》首條。《張載集》（臺北：里仁書局，1981年，12月，頁48）。另外橫渠在〈太和篇第一〉首條解釋太和絪縕之動靜相感之時，也強調：「語道者知此，謂之知道；學易者見此，謂之見易」，同書頁7。

〔註11〕《正蒙‧誠明篇第六》，見《張載集》，頁21。

　　由此觀之，可知橫渠在對抗佛教思想之中展現了兩個面向：一是以「太虛即氣」來建構宇宙天地的「實存」意涵，另外則是以「天性」、「天心」等觀念來展現與天地爲一的大格局的生命觀。

　　以上所言者，是就時代思想背景的角度來觀察橫渠理學的思維方向。然而每一個人所受時代的影響不一。時代思潮的影響雖然有助於理解學者思想的「方向」，然卻不能必然決定其思想的「內容」。因此橫渠的理學內容仍須就其理學文獻本身加以探討。

四、從《正蒙》論述橫渠理氣思想的結構

　　現代學者對橫渠「太虛即氣」觀念的解釋主要有兩個方向：即「氣本論」方向與「理本論」方向。本文認爲橫渠《正蒙》一書的理氣結構基本上是以「氣本論」爲主，但是氣本論不能直接解釋爲「唯物論」，而且「唯物」與「唯心」也絕非截然二分者〔註12〕。上文論述中國上古原始社會的天人關係，正是要闡明中國人的思想由於立基於現實世界中大社會的發展，基本上是「以氣化爲基礎的心物合一」的思維。

　　本文之所以認爲橫渠的思想傾向於氣本論，「太虛」不能解釋爲相對於形下世界的超越的形上本體；所謂「太虛無形，氣之本體」中的「體」是「體質」性之「體」，而不是「理體」性之「體」。其原因在於橫渠思想結構中有一個很重要的觀念：「聚散」。

　　　1. 太虛無形，氣之本體，其聚其散，變化之客形爾。〔註13〕
　　　2. 太虛不能無氣，氣不能不聚而爲萬物，萬物不能不散而爲太虛。〔註14〕
　　　3. 氣之聚散於太虛，猶冰凝釋於水。知太虛即氣，則無無。〔註15〕

先看第一條引文：「太虛無形，氣之本體」，以「無形」形容太虛，可知橫渠之意，「太虛」不指一抽象而超越之理體。古人所謂「無形」通常是指感官所不能及的狀態〔註16〕，這正是〈太和篇第一〉中所謂：

〔註12〕近代學者受西方學術的影響，多有心物二元的執著，對於中國人傳統「心物合一」
　　　　的思維無法有同情的理解。
〔註13〕《張載集》，頁7。
〔註14〕《張載集》，頁7。
〔註15〕《張載集》，頁8。
〔註16〕故本文認爲《老子》第十四章：「視之不見名曰夷，聽之不聞名曰希，搏之不得名曰
　　　　微」，也正是以感官之所不能及來形容能生萬有之「無」。「無」既能生成萬有，則《老
　　　　子》書中所謂「無」不應該是抽象而超越的形上本體，而只能以氣的絕對原始清通

　　　　氣聚則離明得施而有形，氣不聚則離明不得施而無形。方其聚也，安
　　得不謂之客？方其散也，安得遽謂之無？〔註17〕

再者，「太虛無形，氣之本體」並非足句，仍有下文「其聚其散，變化之客形爾」。「聚散」是動詞，主詞是「其」，「其」為一代名詞。從語法上來看，「其」字所代者即是「太虛」。故依《正蒙》原文之語意，太虛有「聚散」之功能，如此則「太虛」如何能解釋為一超越而抽象的形上本體？

　　再看第二條引文：「太虛不能無氣」，此即是第三條引文中「太虛即氣」之義。氣聚則為萬物，萬物若散則又復歸於太虛。則「太虛」正是萬物銷散而復歸的原始渾沌之狀態。若太虛為一超越的形上理體，則「萬物」之銷散如何能成為一「理」？

　　第三條引文中橫渠又再言「氣之聚散於太虛」，且以「猶冰凝釋於水」為喻，此喻不能等閒視之。「冰」與「水」有凝釋之關係，正如「氣」與「太虛」有聚散的關係，這表示二者的關係是「同質性」的〔註18〕。近代學者之所以習慣以形上與形下二分的觀念解釋中國的思想，其原因常在於受西方心物二元觀念的影響。主張中國人陰陽氣化的天道觀念屬於「唯物論」，認為「氣」是物質性的，無法解釋人類精神與心靈的層次。其實中國人已經在氣化流行的基礎上建立了「心物合一」的思維，中國人對於「心」或「精神」的解釋基礎，與對「物」的解釋基礎是不分的。橫渠在其所建立的用以對抗佛教的思想體系中，對於「人」在「宇宙天地」之間如何生成？「人」如何能與「宇宙天地」為一的問題，已有所論述。其文字出於〈太和篇〉：

　　　　合虛與氣有性之名，合性與知覺有心之名。〔註19〕

「合虛與氣有性之名」，此語頗堪玩味。「虛」就是「太虛」。「太虛」與「氣」在橫渠的思想結構中是宇宙元質中的兩個層次，其不同只是清濁上的相對差異。「虛」代表最微細的元質，因此其中所涵之動能也最清通，這一部份橫渠用以解釋了人類的精神活動，在中國人的潛意識之中，人類的「精神」活動事實上是一種最微細的「物質」現象〔註20〕。這正是上文所論述的中國人在早期思想起源之時，對生命與生存環境尋求一個共同的存在解釋的思維。

　　　　之狀態來解釋。
〔註17〕　《張載集》，頁 8。
〔註18〕　「氣之聚散於太虛，如冰凝釋於水」中的「如」字表示二者之間有結構關係上的類
　　　　　比性。
〔註19〕　《張載集》，頁 9。
〔註20〕　「精神」一詞出於先秦時代的道家文獻。最早之時「精」與「神」二字分言，前者
　　　　　指微細的生命元質，而後者則是其變化莫測之清通。爾後才出現「精神」二字連言
　　　　　之詞。因此若就「精神」一詞之語源來看，其內容其實帶有氣化體質性的思維。

另外，生命的存在除了精神現象之外，也必須倚賴具體的形質，這一部份橫渠則以「氣」來代表。於是「虛」與「氣」這兩種「同質卻清濁有別的氣能」轉化成「精神」與「肉身」之形式，組構成人類的生命活動〔註21〕。由此觀之，中國人「色」與「心」同出一源，都是出於宇宙天地一氣之能。中國人不發展出一個如西方宗教哲學中的超自然的「上帝」觀念，來做爲創造色心世界的「造物者」，卻發展出以宇宙元質爲基礎的心物合一之生命觀。這正是中國思想有別於西方之處。

這種由「虛」與「氣」所結合而成的生命氣質，橫渠稱之爲「性」，「性」代表具體的生命質地。這種生命質地由於內涵太虛之氣之動能，因此呈現出對外活動的知覺，即稱之爲「心」。故曰：「合性與知覺有心之名」。

橫渠對於人的「性」與「心」之詮釋，就內容意義而言，其實都是先秦兩漢思想之舊義，只不過以較新的理論架構來表達而已。然而橫渠將「性」的內容擴大而成爲「天性」，則是發前人之所未發。古人云：「天命之謂性」，「性」自來都只就「人」而言，橫渠則將天地之間絪縕之氣所涵的動能也視之爲「性」，而稱「天性」。這個觀念代表橫渠將「人性」與「天道」貫穿在太虛一氣的動化之中。這除了顯示橫渠大格局的生命觀之外，同時也成爲橫渠對抗佛教性空觀念在思想上重要的一環。

橫渠這種「心包太虛」的大格局生命觀另外還表現在其「天心」的觀念上。橫渠將人性擴大到天性，尚可解釋爲生命與天地本來同出於太虛一氣。然「心」主「知覺」，天如何能有知覺？「天心」其實自然就是「人心」之擴大〔註22〕。然「人心」之所以能擴大而爲「天心」，其基礎也是建立在天、人都不離太虛一氣的觀念上。由此可知，橫渠理學思想體系中用以對抗佛教的兩大思維方向：肯定「宇宙天地之實存」以及「天道與性命相貫通的大格局的生命觀」，其實都是以「太虛即氣」的觀念爲基礎的。

當吾人以「氣本論」的思維解釋橫渠「太虛」、「性」等觀念工具之時，當然也必須同時注意到其他如「道」、「理」等觀念，檢查一下橫渠對這些觀念的解釋和「理本論」者的解釋有何不同。

先看橫渠《正蒙》中對「道」的解釋：

> 太和所謂道，中涵浮沉、升降、動靜、相感之性。〔註23〕
>
> 由氣化有道之名。〔註24〕

〔註21〕故《中庸》曰：「天命之謂性」。本文認爲此一語最早可能來自於道家「氣性出於自然」之觀念，而爲儒家所轉化使用。
〔註22〕這其實是北宋初期士人對政治社會的弘願的心理反射。
〔註23〕《正蒙‧太和篇第一》，《張載集》頁7。

　　　　神，天德；化，天道。德，其體；道，其用。一於氣而已。〔註25〕

《正蒙》一開頭便說「太和所謂道」。依照其下文的解釋，所謂「道」或「太和」就是氣之聚散所形成的絪縕相盪生生不息的宇宙天地之總和〔註26〕，也就是氣化的內容與過程。橫渠不但直接以「氣化」來解釋「道」，而且還以「道」為「用」，而反以「德」為「體」。「道」只不過是「化」而已，而且橫渠還強調不論「德」與「道」都「一於氣而已」。可見橫渠思想體系中的「道」決不是一個超越的形上本體觀念。

　　橫渠《正蒙》一書提及「理」字者以〈太和篇〉此語最為重要：

　　　　天地之氣，雖聚散攻取百塗，然其為理也順而不妄。〔註27〕

這一條文字可謂橫渠《正蒙》一書中言「理」之代表。橫渠認為「理」只是氣流動變化之時所形成的軌則。《正蒙・誠明篇》：「天理者，時義而已」〔註28〕，《張子語錄》也說：「理不在人，皆在物，人但物中之一物耳」〔註29〕、「道得之同，理得之異」〔註30〕。通觀橫渠之文獻並無以「理」字表形上本體觀念者〔註31〕。這原因在於一個思想體系只能有一個首出觀念，橫渠既然以「太虛一氣之能」建立了宇宙天地之「存有」與「活動」之基礎，自然不能又以「道」或「理」做為形上本體來建立另一個解釋基礎。

五、橫渠〈西銘〉中的理氣論結構

　　橫渠〈西銘〉是宋代理學中一篇重要的文獻。《正蒙》在橫渠卒前始交付弟子，然〈西銘〉於橫渠生前早已為二程所重視。〈西銘〉本是《正蒙》一書中的一部份。因此由〈西銘〉一文中所展現的理氣觀自然也可以對照橫渠理學中的思想結構。

〔註24〕同上，頁9。
〔註25〕《正蒙・神化篇第四》，《張載集》頁15。
〔註26〕勞思光《中國哲學史》第三卷上論張載部分也將「太和」解釋為「萬有之生成變化之總體」。（香港：友聯出版社有限公司，1980年12月，頁189）。
〔註27〕《張載集》，頁7。
〔註28〕《張載集》，頁23。
〔註29〕見〈張子語錄上〉。《張載集》，頁313。
〔註30〕見〈張子語錄中〉。《張載集》，頁324。
〔註31〕橫渠的《正蒙》及《張子語錄》中出現「理」字者有數十次，通觀其義，大都指分殊之理，以「窮理盡性」一語最多。其中只有《正蒙・神化篇》「先後天而不違，順至理以推行，知無不合也。」中有「至理」一詞，可解釋為「至高至上之理」，也可將「至」字視為對「理」字表示「不變」的形容詞。不論如何，只此一義，也不可能推翻橫渠整體文獻所顯示的氣本論思想體系。

〈西銘〉起首即曰：「乾稱父，坤稱母。予茲藐焉，乃渾然中處」。橫渠以乾坤爲父母，化生一切人、物，可知其思想結構仍是以太虛一氣爲首出。其中「天地之塞吾其體，天地之帥吾其性」與〈太和篇〉中所謂「合虛與氣有性之名」者其義雷同，前者指「色身」，後者指「心性」〔註32〕。橫渠就太虛氣化的背景來論述人之「心」、「性」之生成，其以氣化爲首出，不再於太虛一氣之外另建立一形上本體的思維意向已十分明顯。

〈西銘〉全文主旨在於「家庭宇宙化，宇宙家庭化」，以天下爲一家，以四海爲一人，而其思想基礎則在於萬物同本於太虛之一氣。橫渠思想所重者在宇宙萬物之同爲一「體」，而不在於同出一「理」。「體」是「實」，而「理」不免爲「虛」。橫渠認爲欲「養蒙以正」，須以天地之實存，方能對抗佛老之空無。

〈西銘〉既然將家庭擴大爲宇宙，事父母之孝也擴大爲事天。所謂「事天」，即是「循天理」，故曰：「知化則善述其事，窮神則善繼其志」。而欲知化窮神以「肖天」，則在於「踐形」，終究仍須落實在實際的氣質生命之上。橫渠將「富貴福澤」與「貧賤憂戚」等氣化偶然的無常視爲人生之一「常」，更將人之存、歿歸之於氣化之本然。凡此都可見橫渠的生命哲學完全落實在現實世界的氣化流動之中。

六、程朱對橫渠思想的誤讀

二程與橫渠雖有表叔之親，然對橫渠的觀念多有批評。朱子雖然以二程爲主軸，將周、張二人納入北宋理學的系統之中，然對橫渠思想也同樣頗有微言。程朱對橫渠思想的批評固然有當時的學術背景，然若以今日純粹觀念解析的角度來看，則顯然是「誤讀」〔註33〕。而誤讀的根源則在於雙方對陰陽氣化在思想結構的層次定位上的不同。

伊川與朱子二人同屬於理氣二元論者〔註34〕，思想結構十分類似。伊川對橫渠思想的批評較少，相對之下朱子則較多。據《朱子語類》卷九十八、九十九，朱子

〔註32〕周濂溪《太極圖說》中的「無極之眞，二五之精，妙和而凝。乾道成男，坤道成女」所顯現的人在氣化宇宙中的形成過程之描述，與橫渠此處所言者幾乎如出一轍。
〔註33〕古人之學術在「學統」之外還有「教統」。重「教」則必須要求眞正能用於世，其發揚學術思想的目的其實在於導正政治社會之風教。既然學術思想的目的在於齊一風教使歸於正，故自然求其「同」而攻其「異」。因此常以自己的思想框架來解釋他人的思想而造成「誤讀」。另外古今不同，然而今人常引用古人之文獻以求附合己意，自然也容易造成誤讀的現象，其實常是以古人之酒杯，澆自己之塊壘。然而透過所謂的「誤讀」，卻又常是一種思想上的再創造。
〔註34〕牟宗三先生稱之爲「橫貫系統」。

總是以一形上之理的框架來解讀《正蒙》中的「清虛一大」：

> 問：橫渠有「清虛一大」之說，又要兼清濁虛實。曰：渠初云「清虛
> 一大」，為伊川詰難，乃云：清兼濁，虛兼實，一兼二，大兼小。渠本要
> 說形而上，反成形而下，最是於此處不分明。……又問：橫渠云「太虛即
> 氣」，乃是指理為虛，似非形而下。曰：縱指理為虛，又如何夾氣作一處？
> 〔註35〕

朱子對橫渠「虛氣」觀念的批評，以此條引文最具代表性。「清虛一大」是對「氣」
的描述。在朱子的心目中，一涉及「氣化」皆是形而下者，因此認為橫渠的「清虛
一大」觀念本要說形而上，反成形而下。朱子對橫渠以太虛氣化為宇宙之本體，氣
化只分聚散之層次而不分形上形下為二元的思維幾乎完全不能相應。朱子直覺地將
橫渠的「太虛」解釋為「形上之理」，但又覺得「太虛即氣」一語何以形上形下不分，
夾氣作一處而不可解。因此在弟子問「太虛」何所指之時，只能答以：「他亦指理，
但說得不分曉」。而對於弟子再問「太虛不能無氣」一句時，則只能說「此難理會」
了〔註36〕。

相對於伊川與朱子，明道屬於「一本論」者〔註37〕，無理氣二分之觀念。然明
道仍然無法對橫渠「太虛即氣」的觀念有同情的理解，仍以橫渠的「清虛一大」為
形下：

> 形而上者謂之道，形而下者謂之器。若如或者以清虛一大為天道，則
> 乃以器言而非道也。〔註38〕

明道以「清虛一大」為形下，顯然受到《易傳》相對的以「道」為形而上的影響。
然明道本無理氣二分之觀念，且《易傳》明言「一陰一陽之謂道」，因此明道也不敢
將道與陰陽截然二分：

> 一陰一陽之謂道。陰陽亦形而下者也，而曰道者，唯此語截得上下最
> 分明。元來只是此道，要在人默而識之也。〔註39〕

此文頗耐人尋味。明道認為「陰陽」理應是形而下者，然何以也可稱為「道」？原
因是陰陽即涵於道之中，離了「陰陽」就無所謂「道」。然此中又須分上下，故曰：
「唯此語截得上下最分明」。細繹此條引文，可發現明道與伊川、朱子不同的思維方

〔註35〕《朱子語類》卷九十九。（臺北：華世出版社，1987 年 1 月，頁 2538）。
〔註36〕《朱子語類》卷九十九，頁 2534。
〔註37〕明道曾曰：「道一本也」，《河南程氏遺書》卷十一，見《二程集》頁 117。牟宗三先
　　　　生在《心體與性體》一書中也以「一本論」之名解釋明道的思想結構。
〔註38〕《河南程氏遺書》卷十一，《二程集》頁 118。
〔註39〕《河南程氏遺書》卷十一，《二程集》頁 118。

向：明道已企圖在陰陽氣化的世界之上建立一個可以加以掌握的本體觀念，這個本體觀念反射成「道」的觀念。這與橫渠將本體直接落實在太虛一氣之上者有所不同。

橫渠直接以太虛一氣爲宇宙生命的本體，明道在陰陽氣化之上掌握了一個聯結宇宙與生命活動的「道」爲本體〔註40〕，而伊川、朱子則在陰陽氣化的世界之上另外建立一個「靜態的形上理世界」爲本體。這三種思維顯示出宋代本體論發展的三個階段。明道與伊川朱子雖仍有不同，然相較於橫渠直接將「本體」落於太虛之氣上的思維，則明道與橫渠的歧異性顯然較二程彼此之間的差別更大。

由於明道以「道」統攝天地氣化，故其所謂「神」是就天地萬物生生不息的全體而言；不同於橫渠爲了強調宇宙天地之實有而以「神」形容太虛一氣的無限清通之德〔註41〕。因此明道對於橫渠之言「神」不以爲然：

> 氣外無神，神外無氣。或者謂清者神，則濁者非神乎？〔註42〕

明道以氣之動化言「神」，橫渠則以「神」指氣之無限清通之能〔註43〕，此又是明道對橫渠的誤讀。

另外伊川對於橫渠思想中「太虛一氣聚散循環生萬物」的觀念也有所批評，認爲橫渠之聚散屈伸爲「大輪迴」：

> 若謂既返之氣復將爲方伸之氣，必資於此，則殊與天地之化不相似。天地之化，自然生生不窮，更何復資於既斃之形、既返之氣以爲造化？……氣則自然生。人氣之生，生於眞元；天之氣，亦自然生生不窮。至如海水，因陽盛而涸，因陰盛而生，亦不是將已涸之氣卻生水。自然能生，往來屈伸只是理也。盛則便有衰，晝則便有夜，往則便有來。天地中如洪鑪，何物不銷鑠了。〔註44〕

朱子又說：

> 橫渠闢釋氏輪迴之說。然其說聚散屈伸處，其弊卻是大輪迴。蓋釋氏是箇箇各自輪迴，橫渠是一發和了，依舊一大輪迴。〔註45〕

伊川、朱子此義顯然是針對橫渠「氣不能不聚而爲萬物，萬物不能不散而爲太虛」

〔註40〕 明道強調「道」之生生不息，又強調「仁者渾然與萬物同體」、「天理二字，是自家體貼出來」，都顯示出：相對於伊川、朱子的靜態之理，其所謂「道」是帶有活動性的。

〔註41〕 《正蒙・太和篇第一》：「凡氣清則通，昏則壅，清極則神」。見《張載集》，頁9。

〔註42〕 《河南程氏遺書》卷十一。見《二程集》，頁121。

〔註43〕 《正蒙・參兩篇第二》曰：「一物兩體，氣也。一故神，兩故化」〈神化篇第四〉首條亦曰：「神天德，化天道」。可見對於較落於形象的氣動，橫渠一般稱之爲「化」。

〔註44〕 《河南程氏遺書》卷十五。《二程集》，頁148。

〔註45〕 《朱子語類》卷九十九，頁2537。

而發。這兩種對氣化流動世界的定位論述，其實正是代表「氣本論」與「理本論」者不同的思維方向。伊川、朱子在思想架構上建立了一個靜態的形上「理」世界，形上之「理」不能創生萬物，但卻是萬物氣化活動所依據的總理則。這種形上之理的存在與否無法以人類的知識原理來論證，它其實是人類的「心力」在追求生命與現象世界穩定的目的之下，企圖對現象世界加以解釋、掌握的心理之反射。換言之，伊川與朱子以二元論的姿態建立形上的理世界，事實上是中國思想史上從戰國秦漢以來物性世界膨脹之後，心力再度展現對物力世界的統御與掌握的思維方向。這種心力對物力的統御傾向，使得伊川、朱子思維中的基於陰陽氣化的物性世界無法完全展現其「主動性」與「完整性」〔註46〕。基於這種思維，伊川認為「氣則自然生」、「更何復資於既弊之形、既返之氣以為造化？」，伊川不認為形下的氣化世界能具有如此「獨立的自我循環的完整體系」。

橫渠則不同。他的思維世界中沒有伊川朱子的「形上之理」，身心生命就直接落實在太虛一氣的動化之中。「合虛與氣有性之名」代表橫渠的生命來自於最清通微細的太虛之氣之性能，直接與天地氣化合一。太虛一氣所涵的的無限動能之「性」就轉化而表現為主宰天地萬物之「心」。在橫渠的思想體系中，「理」轉而成為氣在流動之時所展現出來的理則，完全不具有伊川、朱子思想結構中居於形上而指導氣化流動的功能。若就生命的創造性而言，橫渠之「心」其實較伊川朱子所論者具有更大的「可能性」。

這種氣本論與理本論思維之下對「心」與「理」關係的不同定位，除了思想者本身的氣質性格之外，與其所處的時空環境也有某一程度的關聯。橫渠身處西北關中之地，遼與西夏外敵環伺〔註47〕，因此關學較重現實問題的思考。處在一個飽受外患戰爭威脅的危疑之地，情勢瞬息萬變，人心對環境的應變也必須多元化，這自然刺激了人心「主動性」與「創造性」的提升。在這種氛圍之下，思維方向自然容易傾向於將主宰之心投入無限可能的氣化世界中的「氣本論」，而不是傾向於受一超越客觀之理則所約束的「理本論」。〔註48〕

〔註46〕 朱子雖主「氣強理弱」，然究竟「理先氣後」。「氣」之動雖不由「理」來主宰，但卻不能違背「理」的規範（此即是牟宗三先生所謂「只存有而不活動」）。如此則「氣」的能動性終究受到某一程度的限制。

〔註47〕 橫渠生於宋真宗天禧四年（AD.1020），卒於宋神宗熙寧十年（AD.1077）。橫渠有生之年北方宋遼始終保持和平，然西北則正值西夏李元昊崛起之時，宋夏之間爭戰連年，對身處關中地區的橫渠必然造成影響。

〔註48〕 這種現象在明末清初的王船山身上看得最清楚。船山早年服膺朱子思想，在《周易外傳》中認為「理」對氣化之動「調之有適然之妙」。中年之後作《讀四書大全說》，逐漸不提朱子「形上之理」，改以「元氣」解釋宇宙天地之生化。到了晚年之時作《周

上來所述，可見橫渠思想在北宋中期以太虛氣化建立生命及其活動所以植根的宇宙天地，展現出氣本論之下的生命創造性及其對天地萬物實存之肯定。然而橫渠此一思想結構似乎已無法被當代的二程所理解，之後的朱子對橫渠思想的解釋更幾乎全出於誤讀。中國政治社會的發展進入了唐宋時代之後，由於政治制度與文化結構達到某一程度的相對的穩定性〔註49〕，使得人心深處認爲宇宙天地存在有一永恒不變的形上之理，可以做爲形下活動世界的指導原則，這種思想氛圍自然提供了理本論思想發展的空間。朱子將「太虛」解釋爲「理」，或許正是受到時代思維方向的影響。〔註50〕

七、近代牟宗三先生對橫渠思想的誤讀

近代學者對宋明理學的研究，以牟宗三與錢賓四二先生的成就爲最高。錢先生作《朱子新學案》、《宋明理學概述》等書，以朱子的文獻爲中心，以學術史的方法探討理學重鎮及其演變。牟宗三先生則作《心體與性體》一書，以哲學史的角度詮釋宋代理學中幾位重要大家的思想結構。牟先生從明道與伊川的分別著手，提出「理學三系說」，對近代宋明理學的研究有其貢獻。由於牟先生學術成就大，加上後學弟子眾多，因此其思想影響的層面頗爲廣泛。

牟宗三是一位典型的理本論者，然而其理本論的思想結構與伊川、朱子仍有不同。程朱的「形上之理」是靜態的〔註51〕，是「只存有而不活動」的；而牟宗三所建立的本體觀念卻是一個「創造眞幾」，是「既存有又活動」的。

這種兼「存有」與「創造」的本體觀念在中國思想史上是存在的，只是在中國人的思維世界中，這樣的「本體」與現象世界必須是「同體的」〔註52〕。其中問題

易内傳》及《張子正蒙注》，甚至連「元氣」觀念都放棄，而提出「二氣說」，認爲天地氣化自始以來即是陰陽二氣之摩盪。完全打落了陰陽二氣之上的所有形上原理，將宇宙天地的動能完全歸之於基於氣動之「心」。船山之所以由崇拜朱子轉而變成推尊橫渠，和他在二十六歲之時遭遇明朝滅亡異族統治的變故，而亟思反清復明扭轉乾坤的生存環境絕對有重大的關聯。

〔註49〕 唐宋以前中國人習稱「周孔」，之後則習慣稱「孔孟」；之前重視《五經》，之後則較重視《四書》；論述孔子則之前重《春秋》，之後較重視《論語》；之前重政治問題，之後則較重心性問題；唐宋之前，中國士人之進退決於世之治亂，之後則無關治亂而決於個人人生之懷抱。這些以唐宋爲界分的中國學術思想之轉折，與中國社會中政治制度與文化結構的階段發展當然有密切的關聯。

〔註50〕 當然朱子以下的歷代學者也並非都將橫渠的「太虛」解釋爲形上之理。中國學者丁爲祥指出「太虛」經歷了「形上道體」、「空間」、「氣」等三個不同涵義的詮釋階段。見〈張載太虛三解〉，該文收入《孔子研究》第6期，2002年。

〔註51〕 朱子曰：「理，無情意，無計度，無造作」，又曰：「理只是個淨潔空闊底世界」。

〔註52〕 本文一開始所闡述的中國人原始生活環境與思維方向之間的關係，即是此一問題的

的關鍵不在「存有」，而在「創造」一義。「本體」既然有創造義，則「創造者」與「被創造者」之間不能是異質性的二元關係〔註53〕。然而牟宗三思想結構中的體用關係卻是二元的，所以在牟先生的思維世界中，只要一涉及「氣化」都必須是「形而下」者，這在牟先生解釋橫渠的理學文獻時，自然不可避免的造成誤讀。

　　以牟先生的思想結構，在解讀理學文獻之時首先碰到的難題就是濂溪〈太極圖說〉中「太極動而生陽」一句。太極既能「生成」陰陽，則「太極」與「陰陽」之間必然屬於「同質性」。然牟先生的本體觀念是一個與氣化世界二元的具有妙用的創造眞幾之神體，自然不能「動而生成陰陽」。因此其解釋就十分繚繞：

　　　　其「動而生陽」實只是在其具體妙用中隨跡上之該動而顯動相，靜亦
　　如之。非眞是由其自身直線地能動而生出陽或靜而生出陰也。〔註54〕
牟先生這樣的體用觀念自然無法對橫渠以太虛氣化爲本體所建立的生命觀和宇宙觀有同情的理解。因此很自然的牟先生將橫渠思想中的「太虛」、「太和」、「性」、「道」等究其內容其實都不能離於氣化思維的觀念，一齊都解釋爲與氣化世界相對立的超越性本體觀念：

　　　　吾人即可以「清通無象之神」來規定「太虛」。太和是總持說之詞，
　　以明道之創生義爲主。太虛是由分解而立者，一方既與氣爲對立，一方又
　　定住太和之所以爲和，道之所以爲創生之眞幾。「太虛無形，氣之本體」，
　　此與〈乾稱篇〉「氣之性本虛而神」爲同意語。「氣之性」是氣之超越的體
　　性，是遍運乎氣而爲之體，故此處直云「氣之本體」。〔註55〕
牟先生將「太虛無形，氣之本體」中的「體」字巧妙的從原本的「體質義」轉換成「理體義」，以做爲解釋橫渠以下所有觀念的基礎。由於「體」字在意義上可以解釋成「體質之體」，也可以解釋成「理體之體」。因此牟先生對橫渠理學文獻的解釋某一部分也可以言之成理〔註56〕。然而橫渠的《正蒙》一書究竟是以氣本論的思維所寫成的，其中必然有某一部分的文獻無法以理本論的思維來強加解釋。上文曾提出

　　答案。

〔註53〕中國人傳統的思維世界中沒有「異質相生」、「無能生有」的觀念。這也是長期以來生命與環境一體的天人合一的思維意識的結果。

〔註54〕見《心體與性體》第一冊第二部第一章第二節。（臺北：正中書局，1981年10月，頁363）。

〔註55〕《心體與性體》第一冊，頁443。

〔註56〕由於中國的語文常有歧義性，因此有些觀念做不同的解釋也能言之成理。然而思想有一體系，而且文獻不止於隻字片語。因此解釋一學者的思想結構必須就其文獻之整體觀之，觀其是否能安於其思想結構。本文之所以以氣本論來解釋橫渠的理學思想，正是基於此一認識。

橫渠文獻中必然不可以理本論觀念加以解釋者有三條：

太虛無形，氣之本體，其聚其散，變化之客形爾。

太虛不能無氣，氣不能不聚而爲萬物，萬物不能不散而爲太虛。

氣之聚散於太虛，猶冰凝釋於水。知太虛即氣，則無無。

牟先生的《心體與性體》第一冊第二部第二章曾對橫渠《正蒙》一書中的重要文字逐一疏解，自然也包括上引三條文字。

第一條引文牟先生只解「太虛無形，氣之本體」部份，卻將緊接著的後兩句「其聚其散，變化之客形爾」分割開來，而指「聚散」爲形下之氣化。且牟先生特別指出：「其」字指「氣」，不指「太虛」〔註57〕。是「氣」聚散而不是「太虛」聚散。然細繹原文：「本體」與「客形」爲相對詞，因此「太虛無形，氣之本體，其聚其散，變化之客形爾」應是一完整的句子，「其」字應指「太虛」而非指「氣」〔註58〕。

對於第二條引文，牟先生解釋了前兩句「太虛不能無氣」、「氣不能不聚而爲萬物」，但是卻跳過第三句「萬物不能不散而爲太虛」而未加以疏解〔註59〕。

第三句引文中的「冰水之喻」，本是橫渠氣本論思想最有力的論證。牟先生卻將普通的一個「水」字解釋爲「水之體的遍、常、一」〔註60〕，認爲「冰之凝釋於水」是指「冰之凝固與溶化都不離水之遍、常、一之體」，用來符合其「氣之聚散不離太虛之神體」的基本觀念，似乎有些顧左右而言他。

八、程朱與牟宗三對橫渠誤讀的時代意義

總觀牟宗三先生對橫渠思想的解釋，大多是以自己堅持的二元論體用觀念強加於橫渠的文本之上。牟先生作《心體與性體》一書近百萬言，論述了宋代周、張、二程、五峰、朱子等六人，也幾乎都以其特定的思想結構爲框架以範圍之。現代熟讀牟宗三先生著作之人，稍加注意，當會發現牟的思想體系中「史」的觀念是極不明顯的。人類的思想基本上仍是從一歷史背景中產生，時代問題固然會對學者的思維方向產生影響，但歷史的內容基本上是「偶然」與「破裂」的，不同的思想家必然會有依於不同時代的不同的思想內容。然而牟先生卻試圖在兩、三千年的中國思

〔註57〕《心體與性體》第一冊，頁444。

〔註58〕其實若就橫渠之思想結構解釋，「太虛聚散」與「氣聚散」的意義並無多大差別。然若就牟先生的思想結構而言，則必須解釋爲「氣聚散」，因「太虛」爲形上之道體，不能有聚散。

〔註59〕《心體與性體》第一冊，頁446-448。

〔註60〕此在古人曰「增字解經」，爲訓詁上之大忌。

想史上歸納出一套思想結構，用以籠罩整個中國思想史進程的詮釋。由於牟先生急於掌握對整體思想史的詮釋，在「以簡御繁」的思維傾向之下，「史」的意義降低，相對的對於超越的形上本體的建構傾向則自然加強。

由此觀之，牟宗三思想體系中之所以建構出代表宇宙創造眞幾的本體觀念，其目的其實是爲了在數千年的中國歷史文化中歸納出一套「歷久而彌新的永恆價值」。牟先生所建設的本體觀念，其特色在於同時滿足兩個條件：一者，此「本體」是「既存有又活動」的，此一本體既是萬物流動理則的規定者，同時又是萬物的創造者；再者，此一本體與其所創造出來的氣化世界是二元的。這樣的本體論思維在傳統的中國思想史上是根本不存在的。只有西方的「上帝」能滿足這個本體論觀念的施設。

從牟宗三的本體論思想連結到對橫渠理學文獻思想的解讀，再對照朱子對橫渠思想的詮釋來看，這兩種誤讀形式其背後的時代意義仍有所不同。

朱子雖與牟先生同是二元論者，然其本體觀念是一個靜態的理世界。在現象界之上建立一個做爲指導原則的「理」，但卻不賦予其創造萬物的地位。這種本體思維代表人類的「心」企圖以一「永恆不變的理性」爲基礎，對氣化流動的現實世界加以「貞定」。所謂「靜態的理世界」其實是人類「基於永恆理想的價值體系」的「理性之心」的反射。這種思維代表肯定宇宙之間存在有可以做爲人類行爲準則的理性規範，這個超越的理性典範是人類社會安定的依據。這種肯定「超越理性」，認爲人「心」的主宰義應受一更高的「理」所規範的思維，平常代表一個人對社會持續穩定的祈望意識。這與橫渠身處西北邊地，強敵壓境，人心瞬息萬變，因此強調一個基於氣化攻取百途之「心」者有所不同。橫渠處在一個必須對抗壓力，努力改變環境的時空之下，自然不可能有人心須受一形上之理規範的思維。

相對於朱子靜態的形上之理，牟先生的本體觀念是「既存有又活動」的。這種兼具「理則義」與「創造義」的本體觀念在中國思想史上通常稱之爲「道」。「道」因具有創生萬物之義，因此和現象界必須有某一程度上的同質性。這種「同質性」思維雖然隨著時代與思想者的差異而有程度上的不同〔註61〕。但是中國人從來不將「道」與「萬物」二元化，始終認爲「道」不能離開「氣化世界」而思維。原因在於中國人基於大規模社會發展的現實主義與經驗主義，使得中國人產生了既要求超越性地統御現實世界，但卻又不能離於現實世界的「道」的思維。

然而牟宗三先生的「道體」是一個與現象世界爲二元的觀念。因此道的「創生」不是連結著氣化同質性的創造，而只是本體妙用之下的創造眞幾。從這個本體論觀

〔註61〕橫渠與明道在這方面的思維就有不同。

念的建設，可以理解牟先生的思想其目的已不再如伊川、朱子立基於其當代現實的政治社會，而是企圖以人的內在理性價值來做為人類文明永恆的形上本體。牟先生的目的似乎是企圖掌握與提鍊中國數千年來的歷史文化的本質，高舉出一個可以歷久而彌新的永恆價值。這種對中國文化做一「整體且本源式」的掌握，其思維必然是超越性的。本文認為牟先生做為近代新儒家第二代的健將，其哲學之目的乃在於「籠罩」或「對應」西方強勢文化之下的科學文明，以謀求中國文化在近代世界中的立足之地。牟先生的哲學之所以走上體用二元論，正是企圖以「中國之體」以統御「西方之用」，這正是牟先生的本體觀念必須與現實氣化世界形成二元區隔的原因所在。牟先生與伊川、朱子不同者，在於後者只是以中國文化所孕育出來的理性之心來做為自己社會安定的軌則依據；而前者則是必須「提起」中國文化的本體價值來對應外來的西方強勢文化〔註62〕。

　　上來所述，可知橫渠以太虛一氣為體，建立基於天地氣動之心，其目的乃是在於改造現實氣化的世界；而牟則重點在於籠罩與統御由西方的科學文明所代表的現代世界。由於「改造」，故橫渠將生命直接投入氣化世界；由於「統御」，故牟的本體論思維乃傾向於形上與超越。因此牟在解讀橫渠的理學文獻時，直覺性的將氣化的世界指為形下，然而卻又將「太虛」、「太和」、「道」、「性」等觀念朝著超越性的形上本體的方向加以解釋。牟先生是堅決反共的，在他的哲學體系中無法容納以宇宙氣化之能來統合身心生命之活動，而必欲建立一個超越於氣化世界之上的形上本體，或許也與其對共產主義中唯物思想的反感有一定程度的關係。

〔註62〕然而不論如何，牟的哲學建設其實仍然可以解釋為一種當人類面對強大「物力」世界之衝擊時，企圖提升「心力」之高度而加以統御的思維。